遊びと学びをつなぐ
三川版「保幼小連携・接続カリキュラム」の実践

三川町保幼小連携委員会

は　じ　め　に

さわやかな秋のある日、町内の小学校１年生が、本園の５歳組の子ども達と交流するために来園してきた。生活科で制作したのであろう楽しそうな遊びのグッズを持ち込み、遊戯室に遊びのブースを思い思いに作り始めた。その姿はとても生き生きしていて、５歳組のみんなに喜んでもらえるように協力しながら進めていた。もうすっかり小学校生活に慣れてきたようで、お兄さん、お姉さんらしく意欲的に行動する姿が見て取れた。ほとんどが卒園児なので、なつかしさもあってか、交流が始まってからも、ゲームのやり方を丁寧に教えてあげたり、笑顔で賞品を渡してあげたりして、５歳組との交流が深まっていた。

三川町では、このような交流を始めて何年も経つが、幼稚園と小学校との連携を大切にしながら、さらに一歩進めて、教育課程面での接続のあり方にも踏み込んだ研究を推進してきた。遊びを中心とした幼稚園教育から、子どもの発達と学びの連続性を意識した小学校への円滑な接続を図るために、平成24年度、三川町教育研究所の組織の中に「保幼小連携委員会」を新設して、その具現化を目指してきた。折しも平成24年度に、山形県教育委員会から「幼保小連携推進アドバイザー事業」の指定を受け、具体的な研究実践をスタートした。翌年からは、「幼保小連携推進モデル開発プロジェクト」に名称を変更しての継続指定を受け、さらに研究実践を深めてきた。

三川町では、平成13年度に町内３地区にあった園が公立幼稚園１園に統合され、全町の園児を受け入れる体制で経営がなされてきた。４歳、５歳とみかわ幼稚園で過ごした園児は、町内に３つある小学校にそれぞれ入学していく。このような小規模な自治体という利点を生かし、みかわ幼稚園と東郷小学校との連携をモデル校として幼・小連携・接続の研究を推進してきたところである。

平成30年度からは、幼稚園教育要領が完全実施され、小学校の学習指導要領は、令和２年度から完全実施される。総則第２の教育課程の編成には、学校段階間の接続が明記され、幼児期の終わりまで育ってほしい姿を踏まえた指導が求められている。幼稚園教育要領でも、小学校との接続に当たって、小学校以降の生活や学習の基盤の育成につながることへの配慮が求められている。そのためには、幼稚園と小学校との円滑な接続のための具体的な実践の共有化が必要である。

三川町教育研究所「保幼小連携委員会」でこれまで行ってきた「三川版保幼小接続カリキュラム」の作成及び実践の成果と課題を振り返るとともに、新たな時代に対応した教育課程面での接続カリキュラム及び生活全般にわたる接続プログラムの実践・深化にも焦点を当てながら、今後の実践の一層の充実を図るための方向性を探っていきたい。

目　　次

はじめに …… 1

第１章　接続カリキュラムとは …… 7

１　保幼小連携・接続カリキュラムの基本的な考え方 …… 7
(1)「連携」と「接続」について
(2) 幼稚園教育及び小学校教育で育みたい資質・能力
(3) 幼稚園教育と小学校教育との円滑な接続

２　保幼小連携・接続カリキュラムの編成に当たって …… 11
(1) 幼稚園教育と小学校教育の違いを理解して
(2) 接続期カリキュラム編成の視点
(3) 接続期カリキュラムの実施に当たって
(4) 生活の適応をつなげる接続期のカリキュラム編成

３　アプローチカリキュラムとスタートカリキュラム編成の配慮点 …… 14
(1) アプローチカリキュラムに関わって
(2) スタートカリキュラムに関わって

４　保幼小接続期に求められる保育者・教師の使命（ミッション） …… 16
(1) 幼児期の子どもの発達の姿と小学校で育みたい資質・能力の理解
(2) 接続期の教育活動の質の向上を図るためのカリキュラムマネジメント
(3) 子どもの成長を促す見取り（評価活動）

５　小１プロブレムへの配慮 …… 17

６　組織全体としての「接続カリキュラム」実践の支援 …… 18
(1) 町全体での共通目標と共通実践
(2) 連携組織の活性化

第２章　三川版「接続カリキュラム」の全体計画 …… 21

１　研究推進の経緯 …… 21

２　三川町保幼小連携委員会の全体構想 …… 23

３　三川町教育研究所の組織 …… 24

４　三川町保幼小連携委員会の年間計画、町内幼稚園・小学校の年間計画 …… 25

５　幼稚園教育５領域別「幼小接続カリキュラム」の全体構想 …… 28

第３章　三川版「幼小接続カリキュラム」による具体的実践 39

１　みかわ幼稚園と東郷小学校の接続カリキュラムの実践 39
(1)　幼小接続カリキュラムの作成に当たって
(2)　接続カリキュラム作成の視点
(3)　東郷小学校入学直後の児童の実態と指導について
(4)　みかわ幼稚園接続カリキュラム
(5)　東郷小学校スタートカリキュラムの実際
＊ 東郷小プラン　これまでの経緯と今年度の取り組み
＊ １年生のスタートカリキュラム
＊ 日課表
＊ 生活科テーマ学習１，２，３

２　町内小学校の特色ある接続（スタート）カリキュラム 53
(1)　横山小学校【英語活動編】
(2)　東郷小学校【読書活動編】
(3)　押切小学校【給食指導編】

３　モデル開発プロジェクトにおける幼・小の実践 56
(1)　みかわ幼稚園と東郷小学校の打ち合わせ会
(2)　みかわ幼稚園５歳組の実践（第１回目）
(3)　みかわ幼稚園５歳組の実践（第２回目）
(4)　東郷小学校生活科の実践
(5)　横山小学校生活科の実践
(6)　押切小学校生活科の実践

４　学習・生活全般での接続プログラム 87
(1)　教育内容面
(2)　態度形成面
(3)　生活全般に関わって
＊　幼児の運動能力調査を小学校につなぐ

５　家庭（保護者）との連携 95
(1)「輝く小学校生活に期待して」
(2)　より良い生活リズムをめざして「よい子の生活リズムがんばり表」

６　交流活動の実際 107
(1)　幼稚園５歳組の小学校訪問
(2)　就学児体験入学
(3)　小学生の幼稚園訪問（横山小の実践例）

おわりに 111

第１章　接続カリキュラムとは

１　保幼小連携・接続カリキュラムの基本的な考え方 …… 7

⑴「連携」と「接続」について …… 7
⑵ 幼稚園教育及び小学校教育で育みたい資質・能力 …… 8
⑶ 幼稚園教育と小学校教育との円滑な接続 …… 8

２　保幼小連携・接続カリキュラムの編成に当たって …… 11

⑴ 幼稚園教育と小学校教育の違いを理解して …… 11
⑵ 接続期カリキュラム編成の視点 …… 12
⑶ 接続期カリキュラムの実施に当たって …… 12
⑷ 生活の適応をつなげる接続期のカリキュラム編成 …… 13

３　アプローチカリキュラムとスタートカリキュラム編成の配慮点 …… 14

⑴ アプローチカリキュラムに関わって …… 14
⑵ スタートカリキュラムに関わって …… 15

４　保幼小接続期に求められる保育者・教師の使命（ミッション） …… 16

⑴ 幼児期の子どもの発達の姿と小学校で育みたい資質・能力の理解 …… 16
⑵ 接続期の教育活動の質の向上を図るためのカリキュラムマネジメント …… 16
⑶ 子どもの成長を促す見取り（評価活動） …… 16

５　小１プロブレムへの配慮 …… 17

・ 子どもにとっての不安要素を理解して

６　組織全体としての「接続カリキュラム」実践の支援 …… 18

⑴ 町全体での共通目標と共通実践 …… 18
⑵ 連携組織の活性化 …… 18

第1章　接続カリキュラムとは

1　保幼小連携・接続カリキュラムの基本的な考え方

(1) 「連携」と「接続」について

文部科学省では、次のような定義づけを行っている。

「連携」とは、保幼小の施設面や組織面をつなぐこと

「接続」とは、保幼小の教育課程に組み込まれた実践面をつなぐこと

① 「連携」の意義と内容

保・幼の保育者と小学校の教育者が、子どもの成長・発達を見通して教育全体をつないでいくことを共通目標として、互いに連絡・情報交換しながら相互理解と協同活動を密接に行っていくことで、子どもの育ちの共有化を図ることができる。

その内容としては、

＊子ども達同士（保幼の園児と小学校１年生）の交流活動や施設訪問

～　相互に行事や授業への招待、子ども同士の交流活動等

＊教師同士（管理職も踏め、保幼小の教員）の交流や研修

～　子どもの育ちの理解のための研修、連絡会や保育・授業参観等

＊教育課程の相互理解

～　幼稚園教育要領、小学校学習指導要領の相互理解

このような教育活動全体及び生活面全般に関わる連携についての計画・実践について、本稿では「接続プログラム」という名称で表した。

② 「接続」の意義と内容

幼稚園教育要領及び小学校学習指導要領に示されている教育のねらいや内容をつなげていくことで、それぞれの教育活動を円滑に接続していくことができる。

特に、幼児期の後半ではアプローチカリキュラム、小学校の入門期におけるスタートカリキュラムの編成が重要な鍵をにぎることになる。カリキュラムの編成にあたっては、新しく示された「資質・能力」及び「幼児期の終わりまで育ってほしい10の姿」がキーワードになる。

このような教育課程に関わる計画・実践について、本稿でも「接続カリキュラム」という名称で表した。

(2) 幼稚園教育及び小学校教育で育みたい資質・能力

幼稚園教育		小学校教育
・生きる力の**基礎**を育むこと	☞	・生きる力を育むこと
＜育みたい資質・能力＞		＜育みたい資質・能力＞
① **「知識及び技能の基礎」** ～豊かな体験を通じて、幼児が自ら感じたり、気付いたり、分かったり、できるようになったりすること	☞	① 生きて働く **「知識及び技能」**の習得
② **「思考力、判断力、表現力等の基礎」** ～気付いたことや、できるようになったことを使い、考えたり、試したり、工夫したり、表現したりすること	☞	② 未知の状況にも対応できる **「思考力、判断力、表現力」**の育成
③ **「学びに向かう力、人間性等」** ～心情、意欲、態度が育つ中で、よりよい生活を営もうとすること	☞	③ 学びを人生や社会に生かそうとする**「学びに向かう力、人間性等」**の涵養
⇒ 遊びを通した総合的な指導の中で一体的に育んでいくこと		⇒ 学校教育全体並びに各教科、道徳科、外国語活動、総合的な学習の時間及び特別活動で指導していくこと

＊ 学校教育のスタートである幼稚園教育から一貫した資質・能力の育成を目指すことになった。

(3) 幼稚園教育と小学校教育との円滑な接続

① 幼稚園教育における小学校以降の生活や学習の基盤の育成

- 幼児期にふさわしい生活を通して、創造的な思考や主体的な態度などの基礎を培うようにする。
- 幼児なりに好奇心や探究心をもち、問題を見出したり、解決したりする力を育てるようにする。
- 豊かな感性を発揮できるような環境や機会を提供し、それを伸ばしてやるようにする。

② 「幼児期の終わりまで育ってほしい姿」の共有

幼児の発達の実態や興味・関心等を踏まえながら行われる教育活動全体を通して資質能力を育み、幼児期の終わり（５歳児後半）までに育ってほしい具体的な姿として10にまとめられて示された。この姿は、到達目標ではないが、幼稚園ではその方向性を意識し、小学校では、その姿を踏まえた指導を工夫することが求められている。

＜幼稚園教育要領より＞

1） 健康な心と体

幼稚園生活の中で、充実感をもって自分のやりたいことに向かって心と体を十分に働かせ、見通しをもって行動し、自ら健康で安全な生活をつくり出せるようになる。

2） 自立心

身近な環境に主体的に関わり様々な活動を楽しむ中で、しなければならないことを自覚し、自分の力で行うために考えたり、工夫したりしながら、諦めずにやり遂げることで達成感を味わい、自信をもって行動するようになる。

3） 協同性

友達と関わる中で、互いの思いや考えなどを共有し、共通の目標の実現に向けて、考えたり、工夫したり、協力したりし、充実感をもってやり遂げるようになる。

4） 道徳性・規範意識の芽生え

友達と様々な体験を重ねる中で、してよいことや悪いことが分かり、自分の行動を振り返ったり、友達の気持ちに共感したりし、相手の立場に立って行動するようになる。また、きまりを守る必要性が分かり、自分の気持ちを調整し、友達と折り合いを付けながら、きまりをつくったり、守ったりするようになる。

5） 社会生活との関わり

家族を大切にしようとする気持ちをもつとともに、地域の身近な人に触れ合う中で、人との様々な関わり方に気付き、相手の気持ちを考えて関わり、自分が役に立つ喜びを感じ、地域に親しみをもつようになる。また、幼稚園内外の様々な環境に関わる中で、遊びや生活に必要な情報を取り入れ、情報に基づき判断したり、情報を伝え合ったり、活用したりするなど、情報を役立てながら活動するようになるとともに、公共の施設を大切にするなどして、社会とのつながりなどを意識するようになる。

6） 思考力の芽生え

身近な事象に積極的に関わる中で、物の性質や仕組みなどを感じ取ったり、気付いたりし、考えたり、予想したり、工夫したりするなど、多様な関わりを楽しむようになる。また、友達の様々な考えに触れる中で、自分と異なる考えがあることに気付き、自ら判断したり、考え直したりするなど、新しい考えを生み出す喜びを味わいながら、自分の考えをよりよいものにするようになる。

7） 自然との関わり・生命尊重

自然に触れて感動する体験を通して、自然の変化などを感じ取り、好奇心や探究心をもって考え言葉などで表現しながら、身近な事象への関心が高まるとともに、自然への愛情や畏敬の念をもつようになる。また、身近な動植物にこころを動かされる中で、生命の不思議さや尊さに気付き、身近な動植物への接し方を考え、命あるものとしていたわり、大切にする気持ちをもって関わるようになる。

8) 数量や図形、標識や文字などへの関心・感覚

遊びや生活の中で、数量や図形、標識や文字などに親しむ体験を重ねたり、標識や文字の役割に気付いたりし、自らの必要感に基づきこれらを活用し、興味や関心・感覚をもつようになる。

9) 言葉による伝え合い

先生や友達と心を通わせる中で、絵本や物語などに親しみながら、豊かな言語や表現を身に付け、経験したことや考えたことなどを言葉で伝えたり、相手の話を注意して聞いたりし、言葉による伝え合いを楽しむようになる。

10) 豊かな感性と表現

心を動かす出来事などに触れ感性を働かせる中で、様々な素材の特徴や表現の仕方などに気付き、感じたことや考えたことを自分で表現したり、友達同士で表現する過程を楽しんだりし、表現する喜びを味わい、意欲をもつようになる。

③ 主体的・対話的で深い学びの実現

幼児の自発的な活動である遊びの中で、アクティブ・ラーニングの視点から、主体的・対話的で深い学びが実現するように指導の工夫・改善を図っていく必要がある。

このことが、小学校児童の主体的・対話的で深い学びの実現へ向けた授業改善へとつながり、子どもの学びの連続性が保障されていく。

「**主体的な学び**」の視点

・ 周囲の環境に興味や関心をもって積極的に働きかけ、見通しをもって粘り強く取り組み、自らの遊びを振り返って、期待をもちながら次につなげること。

「**対話的な学び**」の視点

・ 他者との関わりを深める中で、自分の思いや考えを表現し、伝え合ったり、協力したりして、自らの考えを広げ深めること。

「**深い学び**」の視点

・ 直接的・具体的な体験の中で、「見方・考え方」を働かせて対象と関わって心を動かし、幼児なりのやり方やペースで試行錯誤を繰り返し、生活を意味あるものとして捉えること。

＜保育者・教師の配慮点＞

1) 幼児一人一人の体験を理解しようと務めること

2) 幼児の体験を教師が共有するように努め、共感すること

3) ある体験からどのような興味や関心が幼児の心に生じてきたかを理解すること

4） ある体験から幼児が何を学んだかを理解すること
5） 入園から修了までの幼稚園生活の中で、ある時期の体験が後の時期のどのような体験とつながり得るのかを考えること

④ 幼稚園教育と小学校教育との接続の推進
幼稚園と小学校との組織的な連携を密にして、教育の接続の充実を図っていく。
1） 幼稚園と小学校との連携事業を年間計画に位置付ける
・幼稚園教師と小学校教師との合同の研究会や研修会での情報交換
・公開保育参観や授業研究会の参観
・幼児と児童の交流活動　等
2） 「幼児期の終わりまで育ってほしい姿」を手掛かりにした相互理解
・幼小連絡会等で、「幼児期の終わりまで育ってほしい10の姿」に照らした子どもの育ちについて情報共有をする。
3） 小学校教育との接続に向けた幼児期の教育の充実
・物事に積極的に取り組んだり、試行錯誤しながらも諦めないで取り組んだりしようとする非認知能力の育ちを促す。
・友達と工夫したり協力したりしてやり遂げようとする協同的な遊びを促す。
⑤ 山形県の目指す保幼小一貫して育みたい力　（山形県教委「スタートプログラム」より）
1） 「**自主性**」
・自ら考え、行動すること（自発）
・独り立ちすること（自立）
・自分自身で規範に従って行動すること（自律）
2） 「**思いやり**」
・心を配ること
・相手の心を推察すること
・思慮、分別があること

2　保幼小連携・接続カリキュラムの編成に当たって

(1) 幼稚園教育と小学校教育の違いを理解して

① 「ねらい」の違い
・幼稚園～「～を味わう」「～しようとする」「態度を身に付ける」などの**方向目標**である。
・小学校～「～できるようにする」「～力を養う」「技能を身に付けるようにする」などの**到達目標**である。
② 「教育方法」の違い
・幼稚園～「環境を通して行う」遊びを中心とした教育・保育である。

・小学校～「ねらい（目標）達成」のための教育である。

③ 「教育評価」の違い

・幼稚園～「幼児理解に基づいた評価」（個人内評価）

・小学校～「評価規準に照らした達成度評価」（絶対評価）

(2) 接続期カリキュラ編成の視点

① 発達課題の連続性を基底においたカリキュラムの編成

幼稚園での育ち（どんな体験をして、どのようなことができるようになっているか）を理解した上で、小学校で目指す発達の姿につなげていくカリキュラムを構成していく。（発達課題をつなげていく）

② 小学校への「適応」を促す接続期のカリキュラムの編成

・幼稚園後期：「**アプローチカリキュラム**」

～ 幼児教育の本質（遊びを中心とした環境を通した主体的な活動）を踏まえながらも、入学後を意識したカリキュラムを編成していく。

・小学校入門期：「**スタートカリキュラム**」

～ 幼児教育での「遊び」中心の活動から、漸進的に教科学習への移行図られるように、生活科を核にして合科的・関連的なカリキュラムを編成する。

③ 保幼小の交流活動を設定したカリキュラム

保幼の園児と小学校１年生との交流活動を年間計画に位置付け、小学校へのあこがれをもたせる。

・園児の小学校訪問交流（施設訪問や授業・給食体験等）

・小学生の幼稚園訪問交流（生活科としての発表や学校紹介等）

(3) 接続期カリキュラムの実施に当たって

＜幼稚園教育では＞

＊環境を通した遊びを通し、５領域の総合的な活動の中で、自主性や創造性を一体的に育んでいく。

＜教育・保育のポイント＞

①興味・関心、願いを受け止める

②どんなことをどのようにやりたいかを子どもに寄り添って考える

③友達と試行錯誤しながら、自分達で解決できるように援助してやる

＜小学校生活科では＞

＊一人一人の思いや願いを実現していく一連の学習活動の中で、自発性と能動性を育んでいく。

＜授業づくりのポイント＞

①試行錯誤や繰り返す活動を設定する

②伝え合い、交流する場を工夫する

③振り返り、表現する場を設定する

④子どもの多様性を生かし、学びが豊かになるようにする

☞ 「生活科」は、幼児期からの発達に沿った**縦のつながり**と、小学校での教科間の**横のつながり**の役割を果たす結節点の教科である。

＊ 「小学校学習指導要領」の国語、算数、音楽、図画工作、体育では、指導計

画の作成と内容の取扱いで、「幼稚園教育要領等に示す幼児期の終わりまでに育ってほしい姿との関連を考慮すること。特に、小学校入学当初においては、生活科を中心とした合科的・関連的な指導や、弾力的な時間割の設定を行うなどの工夫をすること」と示されている。

⑷ 生活の適応をつなげる接続期カリキュラムの編成

幼児期では、遊びのみならず、多様な生活経験を通して心身の発達が促されていく。「幼児期の終わりまで育ってほしい姿」を踏まえながらも、日常の生活で身に付けさせたい資質・能力・態度面もつなぐカリキュラムを編成していく。

① 生活リズムをつなぐ（健康面）

～ 「早寝・早起き・朝ごはん・睡眠・排便・メディア使用時間等」の一日の生活リズムの意識化と実践化をつなぐ（やまがた子育ち５か条と関連）

② 一日の生活時間をつなぐ（時間割等）

～ 幼稚園後期の午睡なしの時間で過ごすこと、登校から下校までの活動スタイルの変化への対応、単位時間での学習への移行等をつなぐ

③ 生活技能面をつなぐ（生活習慣・態度面）

～ 整理・整頓力、身支度・衣服の着脱、うがい・手洗いの方法、ひもの結び方、箸や鉛筆も持ち方等日常生活に必要な技能・習慣をつなぐ

④ 話の聞き方や正しい姿勢をつなぐ（学びの基本的な構え）

～ 人（先生）の話をしっかり聞くこと、学習時や給食時に正しい姿勢で行えることをつなぐ

⑤ 食育をつなぐ（健康面）

～ 町で推進している食育に関する内容（食欲の増進、栄養面、食事のマナー、家族団らんでの食事の大切さ等）をつなぐ

⑥ 衛生・安全管理面をつなぐ（健康・安全）

～ 手洗い、うがい、汗ふき、爪切り、トイレの使い方などの衛生面やかもしかでの交通安全やけがをしない予測行動などをつなぐ

⑦ 読育をつなぐ（読書面）

～ 県が推進している読育に関する内容（絵本の読み聞かせから親子読書、そして、小学校での読書に親しむ習慣づくり）をつなぐ

⑧ 道徳性の育成をつなぐ（小学校での特別の教科「道徳」へ）

～ 幼児期の終わりまで育ってほしい姿の「道徳性・規範意識の芽生え」を踏まえ、特に、いじめ防止に向けた思いやりや命の大切さをつなぐ

＜山形県教育委員会発刊の「やまがた子育ち５か条」をつなぐ＞

① 身に付けよう　早寝早起き朝ごはん　知力・体力朝から全開

・生活リズムを睡眠との大切な関係

～ 子どもに必要な成長ホルモンの分泌を促す効果があること

・朝ごはんの必要性

～　学習や運動を支える脳や体のエネルギーになること

・「早寝」「早起き」「朝ごはん」の一体的な改善

～　この３つのよいサイクル（体内時計のリセットから）を形成すること

②　こつこつやろう　わが家の学び　毎日続けて　知力を耕す

・学習習慣の定着を

～　自ら進んで学習する習慣の形成を図ること

・習慣化する手立てを工夫する

～　時間、場所、努力のさせ方を工夫すること

・保護者の支援のあり方

～　習慣化するまで保護者は寄り添う姿勢で臨むこと

・読書の推奨

～　読書の機会を保障し、読書の親しみ方に触れさせること

③　心をつなごう　親子の対話　よさを引き出す　あったかことば

・コミュニケーション能力の育成

～　親子のスキンシップ、家族の団らんで会話を楽しむこと

・集団生活での良好な友達関係

～　あいさつ、返事、正しい言葉づかいで相手の気持ちを察すること

・よりよい言語環境の整備

～　保護者自身がより良い言葉づかいで伝えること

④　かしこく付き合う　ＴＶやスマホ　しっかり守ろう　わが家のルール

・学習への悪い影響を与えないこと

～　使用時間と学習への効果には相関があること

・きまりを守り節度を保つ

～　判断力、自主性がカギになること

・子どもへの指導・啓発のあり方

～　保護者自身が模範を示して活用すること

⑤　体験しよう　地域の中での豊かな学び　郷土で培う人間力

・「自然体験」「地域活動」の大切さ

～　体験が豊かな人ほど、学びの意欲や規範意識が高いこと

・学校だけでなく、地域活動にも積極的参加を

～　お手伝いも含め、社会力全体を高めること

・優れた山形の文化の継承を

～　郷土の自然や文化を愛する心を育むこと

3　アプローチカリキュラムとスタートカリキュラム編成の配慮点

(1)　アプローチカリキュラムに関わって

基本的には、小学校の教科学習の事前指導ではなく、環境に慣れさせていく過程と捉える。特に集団での遊びや生活の基盤となる力を育んでいく。

①　幼稚園５歳児後半に身に付けさせたい力

・人の話をよく聞いて、みんなの前で自分の思いや考えを伝えられるようになること　(学び方の基礎)

・友達と協力して活動したり、協同して遊んだりする経験を積み重ねること　(かかわりの基礎)

・自分のやりたいことをあきらめないで、試行錯誤しながらも考えたり工夫したりしてやり遂げようとすること　(生活力の基礎)

☞　そのために

・活動のはじめの場や振り返りの場で、しっかり人の話を聞き、自分の意見や感想を発表する場を設定する。

・集団での活動を取り入れ、友達や異年齢の人との交流の場を設定し、いろいろな人との触れ合いを広げていく。

・自分なりのがんばるめあてを決めさせ、その取組を見守ってやる。

②　生活面でのアプローチ

・12月より、午睡なしの活動をスタートする。

・給食時に配膳を自分達でする体験をする。

・身支度や後始末、給食の時間等を意識して生活する。

(2)　スタートカリキュラムに関わって

新入学児童の小学校生活への適応を図るため、入門期において幼児期に経験してきた遊び的な要素を取り入れ、学習・生活への意欲付けを図っていく。

①　小学校入門期に身に付けさせたい力

・何事にも興味・関心をもって、主体的に学びに向かおうとすること　(学ぶ力)

・友達と目標を共有し、共に解決しようとすること　(かかわる力)

・自分のやるべきことを、見通しをもってやり遂げようとすること（生活の自立力)

☞　そのために

・主体的活動を促すための自己選択、自己決定の場を設定する。

・対話的な学習を促すグループ学習等を設定する。

・振り返りの場を大切にし、改善を加えながら達成感を味わえるようにする。

②　授業構成の工夫

・適応学習を図るため、生活科においてテーマ学習を設定する。

・合科的な学習で、複数教科のねらいや内容を融合して行う。

・時間割の弾力的な運用を図る。（朝の会や給食時でも）

4　保幼小接続期に求められる保育者・教師の使命（ミッション）

⑴　幼児期の子どもの発達の姿と小学校で育みたい資質・能力の理解

＜幼児期（特に５歳後半）＞	☞	＜小学校（特に１年生入門期）＞
・何を感じたり、何に気付いたり、何ができるようになっているか　**（知識及び理解の基礎）**		・どんな知識及び技能を身に付けさせたいか　**（知識及び技能）**
・どのように考えたり、試したり、工夫したり、表現したりしているか　**（思考力・判断力・表現力の基礎）**		・どのくらいの思考力・判断力・表現力を身に付けさせたいか　**（思考力・判断力・表現力等）**
・どんなことに心を揺り動かされたり、興味・関心をもって意欲的に取り組んだり、態度が身に付いたりしているか　**（学びに向かう力・人間性等）**		・どれだけの学びに向かう力、どのような人間性を育めばよいか　**（学びに向かう力、人間性等）**

☞　このような資質・能力の見取りとつなぐことが求められる。

⑵　接続期の教育活動の質の向上を図るためのカリキュラムマネジメント

教育活動の質の向上を図るには、子どもの実態や園・学校の実態、地域の実態や特色等を一体的に捉え、運営していくことが求められる。

1）　幼稚園、小学校の教育目標達成のための具体的なねらいや内容等を指導計画に組織的に配列すること

2）　教育内容の質の向上に向けて教育課程を編成し、実施・評価・改善を図っていくこと（ＰＤＣＡサイクルの確立）

3）　教育内容と教育活動に必要な人的・物的資源等（家庭・地域等の外的資源も）を効果的に活用すること

特に、幼稚園では、子どもの主体的な活動を促すために、環境構成（遊びの場の工夫）と保育者の働きかけ（指導・援助のあり方）に視点を当てたマネジメントを行う。

小学校では、教育の目的や目標の実現のために、教育課程の組織的かつ計画的な実施及び評価に視点を当て、教育活動の質の向上を図っていく。

カリキュラムマネジメントは、管理職や特定の教員・保育者のみが行うのではなく、教職員一人一人が自覚して取り組んでいかなければならない。

⑶　子どもの成長を促す見取り（評価活動）

山形県教育委員会が提唱する４つの目で子どもの内面を総合的に見取る。

1）「透視の目」　　～　子どもの内面を見つめる
2）「感性の目」　　～　子どものよさを引き出す
3）「プロセスの目」～　子どもを多角的・継続的に見続ける
4）「内省の目」　　～　「これでいいのか？」と振り返る

＜幼稚園教育要領より＞

～　「幼児理解に基づいた評価」の実施を。「幼児理解」とは、幼児の表面に表れた行動から、内面を推し量り、その子のよさや可能性を理解すること。

評価の妥当性や信頼性が高められるように創意工夫を行い、小学校にその内容が適切に引き継がれるようにしなければならない。

＜小学校学習指導要領より＞

～　児童のよい点や進歩の状況などを積極的に評価し、学習したことの意義や価値を実感できるようにすること。

学習評価の妥当性や信頼性が高められるように、学校段階を超えて児童の学習の成果が円滑に接続されるように工夫しなければならない。

5　小１プロブレムへの配慮

幼稚園生活から、小学校での学習への転換期に、その教育システムの違いへの戸惑いから、小学校生活にうまく適応できない子どもがいるという現実に鑑み、「小１プロブレム」という用語が使われてきたが、その段差をなくするのではなく、適度な段差を乗り越えさせ、小学校へのあこがれを育む配慮が求められる。

＜子どもにとっての不安要素を理解して＞

⑴　**自分自身にかかわる不安要素**

・　こんなことができないので不安
・　環境がかわるので慣れられるだろうかという不安
・　小学校の勉強は難しいのではないかなという不安　等

⑵　**友達とのかかわりでの不安要素**

・　新しい友達ができるかの不安
・　高学年はやさしくしてくれるだろうか、いじめられないだろうかという不安
・　今までの仲間と離れる（クラス替え等も）のが不安　等

⑶　**教師とのかかわりでの不安要素**

・　先生はやさしいだろうかという不安
・　わかるように教えてくれるだろうかという不安
・　困ったときに相談しやすい先生だろうかという不安　等

☞　卒園前に丁寧なガイダンスを行って、不安要素を取り除いてやり、小学校へのあこがれと期待をもたせたい。

6　組織全体としての「接続プログラム」実践の支援
～「保幼小接続」から「保幼小中一貫教育」へ～

⑴　町全体での共通目標と共通実践

・町教育研究所では、町全体の教育目標を掲げ、その実践を目指してきた。

・三川町保幼小連携における３つの視点

「子どもを見る」～「幼・小の子ども同士の交流」を位置付ける。

「子どもを語る」～「幼・小の教師同士の交流」の場を設定する。

「子どもを育てる」～「幼・小接続カリキュラム」の開発と実践を図る。

・三川町での保幼小中で一貫した共通育成目標の設定と実践

	聞　く　力	がまんする力	体　　　力
保・幼 ↓	・大事なことを聞き逃さないこと	・少しの苦しさ（苦手なこと）にも辛抱して取り組むこと	・多様な運動に親しみながら自然に体力をつけていくこと
小学校 ↓	・しっかり理解できるように聞くこと	・考えるときや体を鍛えるとき、持続的にがんばること	・基本となる体力を総合的に身に付けていくこと
中学校	・しっかり聞き取ることによって対話力を高めること	・目標に向かって努力する過程で困難なことも乗り越えること	・競争や自己ベストを出して最後まであきらめずがんばること
H28年～	・知（学ぶ力）	・徳（生き抜く力）	・体（たくましい心と体）

⑵　連携組織の活性化

・　幼小の連絡会だけでなく、幼稚園公開保育公開・小学校の授業研究会では、相互に参観し合い、子どもの育ちを見届け、指導の改善に資している。

・　指導案では、それぞれに幼・小の接続のねらいや内容を明記し、その活動のつながりがわかるようにした。

・　町教育研究所の保幼小連携委員会では、年間の活動計画の立案と実践のまとめを行い、教職員の共通理解と実践の深化を図ってきた。

第２章　三川版「保幼小接続カリキュラム」の全体計画

1　研究推進の経緯 …… 21

2　三川町保幼小連携委員会の全体構想 …… 23

3　三川町教育研究所の組織 …… 24

4　三川町保幼小連携委員会の年間計画、
町内幼稚園・小学校の年間計画 …… 25

5　幼稚園教育５領域別「幼小接続カリキュラム」の全体構想 …… 28

第２章　　三川版「保幼小接続カリキュラム」の全体計画

１　研究推進の経緯

＜平成24年度＞　「**幼保小連携推進アドバイザー事業**」の指定を受ける
・　４月28日　第１回保幼小連携合同研修会
「幼保小連携の重要性と幼保小連携スタートプログラムの理念について」の講話
東北文教大学短期大学部教授　水野則子氏
・　10月13日　第２回保幼小連携合同研修会
「幼小連携のための連続したカリキュラム作成・実践の深め方について」
東北文教大学短期大学部学監水野則子氏と三川町学校支援員宮河和子氏とのパネル討議
・　２月22日　三川教育フォーラムでこれまでの実践発表

＜平成25年度＞　「**幼保小連携推進モデル開発プロジェクト**」の指定（１年目）
～　みかわ幼稚園と東郷小学校の連携で　～
・　５月18日　第１回保幼小連携合同研修会
「幼保小連携スタートプログラムの理念と概要のおさらい」
東北文教大学短期大学部准教授　奥山優佳氏
・　７月31日　第２回保幼小連携合同研修会
「幼から小への接続プログラム、スタートカリキュラムの作成」（演習）
・　11月２日　第３回保幼小連携合同研修会
「幼から小への接続プログラム、スタートカリキュラムの検証と今後の活用について」
東北文教大学短期大学部学監　水野則子氏
・　11月14日　庄内地区幼保小合同研修会にて実践発表

＜平成26年度＞　「**幼保小連携推進モデル開発プロジェクト**」の指定（２年目）
～　テーマ：実践を通しての「子どもの見取り方」を研修する　～
・　５月14日　第１回プロジェクト研修会
「三川版接続プログラム」による小学校「生活科」の授業研修（東郷小１年生）
東北文教大学短期大学部准教授　奥山優佳氏
・　３回シリーズで、第２回プロジェクト研修会
８月９日　幼・小それぞれの実践の事前研修
９月８日　東郷小での生活科授業実践
10月22日　みかわ幼稚園５歳組の公開保育実践　庄内教育事務所の指導主事より助言

・　11月１日　第３回プロジェクト研修会（実践報告会）
東北文教大学短期大学部准教授　奥山優佳氏

＜平成27年度＞　県委嘱は外れたが、町教育研究所「保幼小連携委員会」で継続実践
・　６月24日　みかわ幼稚園５歳組の公開保育
・　６月30日　押切小１年生の生活科授業の公開（以降３小学校持ち回りで行う）
東北文教大学短期大学部准教授　奥山優佳氏の助言
・　１月26日　連携委員による情報交換会（教育課程以外での接続について）

＜平成28年度＞　町教育研究所「保幼小連携委員会」での推進
・　６月15日　みかわ幼稚園５歳組の公開保育
・　６月21日　横山小１年生の生活科授業の公開
東北文教大学短期大学部准教授　奥山優佳氏の助言
・　11月16日　三川町教育研究所委嘱公開研究発表会（「表現」領域で発表）
東北文教大学准教授　河合規仁氏による講演

＜平成29年度＞　町教育研究所「保幼小連携委員会」での推進
・　５月10日　東郷小１年生の生活科授業の公開
東北文教大学短期大学部教授　奥山優佳氏の助言
・　６月22日　県読育推進ネットワーク研修会で、みかわ幼稚園が実践発表
・　６月28日　みかわ幼稚園５歳組の公開保育
・　１月30日　連携委員による情報交換会（新幼稚園教育要領での接続について）

＜平成30年度＞　町教育研究所「保幼小連携委員会」での推進
・　５月31日　横山小１年生の生活科授業の公開
東北文教大学短期大学部学科長　奥山優佳氏の助言
・　６月27日　みかわ幼稚園５歳組の公開保育
・　１月29日　連携委員による情報交換会（接続カリキュラムの実践について）

2　三川町保幼小連携委員会の全体構想

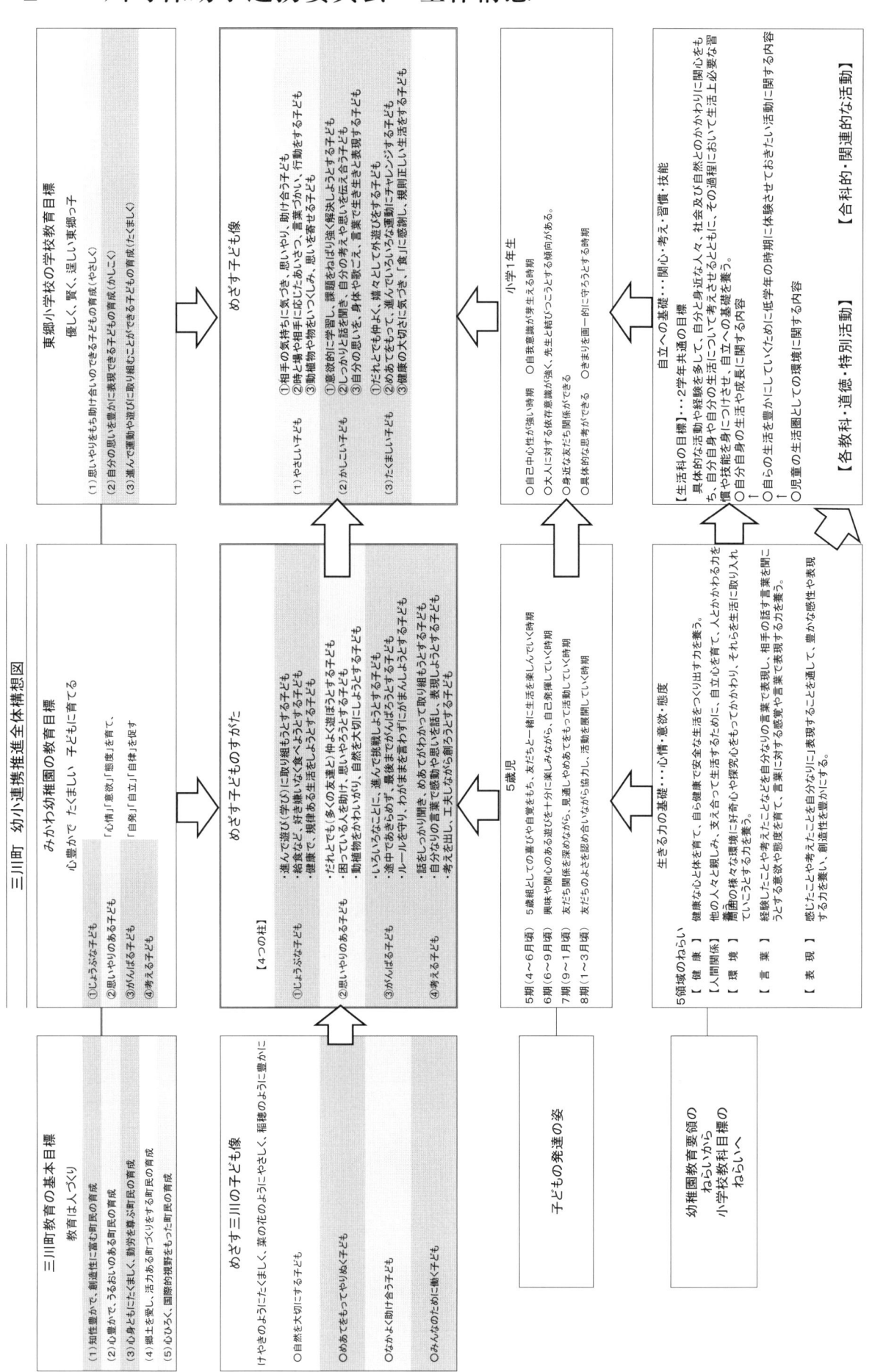

三川町　幼小連携推進全体構想図

三川町教育の基本目標

教育は人づくり

（1）知性豊かで、創造性に富む町民の育成
（2）心豊かで、うるおいのある町民の育成
（3）心身ともにたくましく、勤労を尊ぶ町民の育成
（4）郷土を愛し、活力ある町づくりをする町民の育成
（5）心ひろく、国際的視野をもった町民の育成

みかわ幼稚園の教育目標

心豊かで　たくましい　子どもに育てる

①じょうぶな子ども
②思いやりのある子ども
③がんばる子ども
④考える子ども

「心情」「意欲」「態度」を育て、
「自発」「自立」「自律」を促す

東郷小学校の学校教育目標

優しく、賢く、逞しい東郷っ子

（1）思いやりをもち助け合いのできる子どもの育成（やさしく）
（2）自分の思いを豊かに表現できる子どもの育成（かしこく）
（3）進んで運動や遊びに取り組むことができる子どもの育成（たくましく）

めざす三川の子ども像

けやきのようにたくましく、菜の花のようにやさしく、稲穂のように豊かに

○自然を大切にする子ども
○めあてをもってやりぬく子ども
○なかよく助け合う子ども
○みんなのために働く子ども

めざす子どものすがた

【4つの柱】

①じょうぶな子ども	・進んで遊び（学び）に取り組もうとする子ども ・給食など、好き嫌いなく食べようとする子ども ・健康で、規律ある生活をしようとする子ども
②思いやりのある子ども	・だれとでも（多くの友達と）仲よく遊ぼうとする子ども ・困っている人を助け、思いやろうとする子ども ・動植物をかわいがり、自然を大切にしようとする子ども
③がんばる子ども	・いろいろなことに、進んで挑戦しようとする子ども ・途中であきらめず、最後までがんばろうとする子ども ・ルールを守り、わがままを言わずにがまんしようとする子ども
④考える子ども	・話をしっかり聞き、めあてがわかって取り組もうとする子ども ・自分なりの言葉で感動や思いを話し、表現しようとする子ども ・考えを出し、工夫しながら創ろうとする子ども

めざす子ども像

（1）やさしい子ども	①相手の気持ちに気づき、思いやり、助け合う子ども ②時と場や相手に応じたあいさつ、言葉づかい、行動をする子ども ③動植物や物をいつくしみ、思いを寄せる子ども
（2）かしこい子ども	①意欲的に学習し、課題をねばり強く解決しようとする子ども ②しっかりと話を聞き、自分の考えや思いを伝え合う子ども ③自分の思いを、身体や歌ごえ、言葉で生き生きと表現する子ども
（3）たくましい子ども	①だれとでも仲よく、嬉々として外遊びをする子ども ②めあてをもって、進んでいろいろな運動にチャレンジする子ども ③健康の大切さに気づき、「食」に感謝し、規則正しい生活をする子ども

子どもの発達の姿

5歳児

5期（4～6月頃）	5歳組としての喜びや自覚をもち、友だちと一緒に生活を楽しんでいく時期
6期（6～9月頃）	興味や関心のある遊びを十分に楽しみながら、自己発揮していく時期
7期（9～1月頃）	友だち関係を深めながら、見通しやめあてをもって活動していく時期
8期（1～3月頃）	友だちのよさを認め合いながら協力し、活動を展開していく時期

小学1年生

○自己中心性が強い時期　○自我意識が芽生える時期
○大人に対する依存意識が強く、先生と結びつこうとする傾向がある。
○身近な友だち関係ができる
○具体的な思考ができる　○きまりを画一的に守ろうとする時期

幼稚園教育要領のねらいから小学校教科目標のねらいへ

生きる力の基礎・・・心情・意欲・態度

5領域のねらい

【 健　康 】	健康な心と体を育て、自ら健康で安全な生活をつくり出す力を養う。
【人間関係】	他の人々と親しみ、支え合って生活するために、自立心を育て、人とかかわる力を養う。
【 環　境 】	周囲の様々な環境に好奇心や探究心をもってかかわり、それらを生活に取り入れていこうとする力を養う。
【 言　葉 】	経験したことや考えたことなどを自分なりの言葉で表現し、相手の話す言葉を聞こうとする意欲や態度を育て、言葉に対する感覚や言葉で表現する力を養う。
【 表　現 】	感じたことや考えたことを自分なりに」表現することを通して、豊かな感性や表現する力を養い、創造性を豊かにする。

自立への基礎・・・関心・考え・習慣・技能

【生活科の目標】・・・2学年共通の目標

具体的な活動や経験を多して、自分と身近な人々、社会及び自然とのかかわりに関心をもち、自分自身や自分の生活について考えさせるとともに、その過程において生活上必要な習慣や技能を身につけさせ、自立への基礎を養う。

○自分自身の生活や成長に関する内容
↑
○自らの生活を豊かにしていくために低学年の時期に体験させておきたい活動に関する内容
↑
○児童の生活圏としての環境に関する内容

【各教科・道徳・特別活動】　　【合科的・関連的な活動】

3　三川町教育研究所の組織

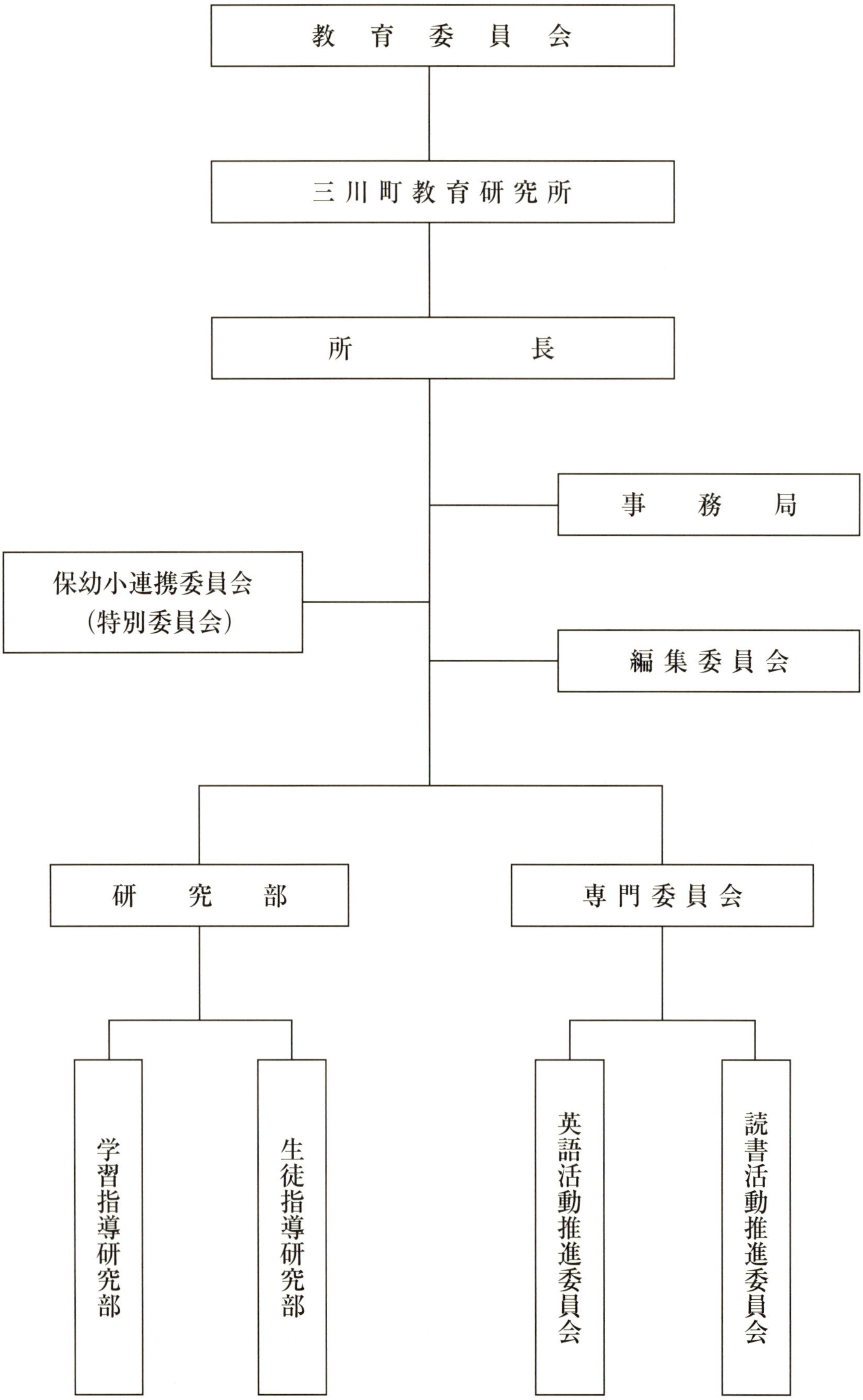

4　三川町保幼小連携委員会の年間計画、町内幼稚園・小学校の年間計画

(1)　今年度の運営方針

①　保幼小連携にかかわる研修会や情報交換を通して、教職員が連携し保幼小の円滑な接続を図る。
②　保幼小の交流事業を推進し、「遊び」から「学び」への円滑な接続を図る。

(2)　実践計画　　　　　平成29年度の例

期　　日	事　業　名	参 加 範 囲	内　　　容
4月20日（木）	第1回保幼小連携委員会	各保幼小連携委員	年間計画の立案
5月10日（水）	生活科の提案授業（東郷小1年）	保育士・幼小教諭等	小学校1年生の導入期における接続の見取り 研修講師：東北文教短大奥山先生
6月28日（水）	自主公開保育（みかわ幼5歳）	保幼小教諭等	保幼小の先生方の参観研修
8月～10月	実践情報交換	保幼小教諭等	教育課程以外における接続のあり方について
10月18日（水）	自主公開保育（みかわ保3歳）	保幼小教諭等	保幼小の先生方の参観研修
10月26日（木）	町内各小学校の訪問（5歳児）	幼5歳組担任等	入学先の小学校を訪問
11月 1日（水）	町教研委嘱公開研究発表会（横山小）	町内の保幼小中教諭、来賓等	横山小の研究テーマ基づいた授業参観と研究協議
11月 8日（水）	自主公開保育（みかわ幼4歳）	幼5歳組担任等	入学先の小学校を訪問
9月～12月	町内各小学校1年生の授業参観	保育士、幼小教諭等	幼小接続という観点での参観
1月23日（火）	就学児の小学校体験入学	小1年担任 幼5歳組担任	入学予定児の小学校での授業給食体験
1月30日（火）	第2回保幼小連携委員会	各保幼小連携委員	年間反省 接続実践の発表
備　　考	・5月29日　押切小　第1回幼小連絡会 ・6月2日　東郷小　〃 ・6月12日　横山小　〃 ・10月24日　東郷小1年生来園　幼稚園5歳組との交流活動 ・11月28日　押切小1年生来園　〃 ・12月8日　横山小1年生来園　〃 ・1月26日　東郷小　第2回幼小連絡会 ・1月29日　横山小　〃 ・2月2日　押切小　〃		

＜　幼保小が連携した年間行事計画・事業等　＞　　平成25年度の例

月	みかわ保育園・幼稚園	小学校（横山小・東郷小・押切小）
4月	6日　入園式 28日　第1回幼保小連携アドバイザー派遣合同研修会	8日　入学式 28日　第1回幼保小連携アドバイザー派遣合同研修会
5月	11日　町教研各部・委員会（年間計画の作成） 16日　小学校授業研の参観 28日～31日　幼小連絡会へ 30日　町教研集会、研修会	11日　町教研各部・委員会（年間計画の作成） 16日　横山小授業研究会 28日～31日　幼小連絡会 30日　町教研集会、研修会
6月	6日　小学校授業研の参観 8日　各小学校訪問（5歳児） 8日　各小学校訪問 13日　小学校授業研の参観 25日　5歳組公開保育	6日　横山小授業研究会 8日　幼稚園5歳児の小学校訪問受け入れ 13日　押切小授業研究会 25日　公開保育の参観
7月	6日、18日　小学校授業研の参観 10日　押切小4年との交流 28日　町教研合同研修会	6日　横山小授業研究会 10日　押切小4年幼稚園訪問交流 18日　東郷小授業研究会 28日　町教研合同研修会
8月	3日　園内自主研修	
9月	5日 12日　小学校授業研の参観 26日　4歳組公開保育	5日　横山小授業研究会 12日　押切小授業研究会 26日　公開保育の参観
10月	3日 10日　小学校授業研の参観 13日　第2回幼保小連携アドバイザー派遣合同研修会	3日　横山小授業研究会 10日　押切小授業研究会 13日　第2回幼保小連携アドバイザー派遣合同研修会
11月	14日　町委嘱公開研への参加 26日～　午睡なしの移行期間 28日、29日　小学校授業研の参観	14日　町委嘱公開研究発表会（横山小） 28日　東郷小授業研究会 29日　押切小授業研究会
12月	10日～　午睡なしのスタート 12日　小学校授業研の参観	12日　東郷小授業研究会
1月	16日　町教研各部・委員会（年間反省） 22日　就学児体験入学	16日　町教研各部・委員会（年間反省） 22日　就学児体験入学の受け入れ
2月	4日～6日　幼小連絡会へ 8日　横山小1・2年との交流	4日～6日　幼小連絡会 8日　横山小1・2年幼稚園交流 12日～15日　保護者説明会
3月	22日　幼稚園卒園式	18日　小学校卒業式

入学予定園児の小学校での体験入学

合科的テーマ学習「春をみつけたよ」

5　幼稚園教育5領域別「幼小接続カリキュラム」の全体構想

Ⅰ.（幼）「健康」領域

幼　稚　園（５歳児）

〈健　康〉ねらい	〈発達の姿〉
①　明るく伸び伸びと行動し、充実感を味わう ②　自分の体を十分動かし、進んで運動しようとする ③　健康、安全な生活に必要な習慣や態度を身に付ける	◦体を思いきり動かしたり、運動遊びに興味・関心をもつ時期 ◦簡単なルールや生活のきまりなどが理解できるようになる時期

内　容＼期（月）	5期（4～5月）	6期（6～8月）	7期（9～12月）	8期（1～3月）
〈運動遊び内容〉				
(2)　いろいろな遊びの中で十分体を動かす	・鬼ごっこ（しっぽ取り鬼等）	・ころがしドッジボール ・水遊び	・マット、巧技台 ・なわとび ・竹馬 ・リズム運動	・とび箱 ・一輪車
(3)　進んで戸外で遊ぶ	・固定施設遊び（雲梯、鉄棒、ブランコ、ウッディークライミング） ・園外保育（公園） ・グラウンドマラソン→	→（園外の公園での遊び）		・雪、氷遊び
(4)　様々な活動に親しみ楽しんで取り組む				
〈運動遊び的活動〉		親子運動会（マスゲーム）	幼児体育教室（わらべ歌、リトミック）	
〈触れ合い的内容〉				
(1)　先生や友達と触れ合い、安定感をもって行動する	・3歳、4歳との交流			
(5)　先生や友達と食べることを楽しむ	・箸の持ち方、食事の仕方　指導→	・食品に関心をもたせる（姿勢づくりも）	・食育遊び	・給食準備の体験（配膳等）
〈健康・安全的内容〉				
(6)　健康的な生活リズムを身に付ける			・12月からは午睡なしでの活動	（生活リズムがんばり週間）
(7)　身の回りの清潔、衣服の着脱、食事、排泄などの生活に必要な活動		・汗ふき、着がえ		
(8)　生活の場を整える				
(9)　健康に関心を持ち病気の予防などに必要な活動	・手洗い、うがい		・換気	
(10)　危険な場所、遊び方、災害時などの行動	・安全な遊び、歩き方（移動の仕方）指導 ・かもしか（交通安全）→	（園外保育）→	（園外保育）→	→
〈健康・安全にかかわる行事〉	健康診断 避難訓練→	→	→	→

（みかわ幼稚園 → 東郷小学校）

→（小）「体育」・「生活」・「道徳」等への接続カリキュラム

小学校（１年生）				
〈体　育〉ねらい ①　簡単なきまりを工夫して、各種の運動を楽しく、体力… ②　…健康・安全に留意して、意欲的に運動する態度を… 〈道　徳〉 １.主として自分自身に関すること 〈生　活〉 (1)　…安全に行動			〈発達の姿〉 ◦色々な運動に興味を持ち、多様な動きができるようになる時期 ◦仲間とともに、簡単なルールのもとで集団で運動遊びができるようになる時期	
内　容＼（月）	（4～5月）	（6～8月）	（9～12月）	（1～3月）
A　体つくり運動 ・体ほぐしの運動 ・多様な動きをつくる運動遊び	・体ほぐし運動	・すもう	・多様な動きをつくる運動	
B　器械・器具を使っての運動遊び ・固定施設 ・マット、鉄棒、とび箱	・固定施設遊び → 合科的学習テーマへ	・鉄棒遊び	・マット、とび箱遊び	
C　走・跳の運動遊び ・走ったり跳んだりする遊び	・かけっこ	・かけっこ、リレー ・持久走		
D　水遊び ・浮く、もぐる、水に慣れる遊び		・水遊び →	→	
E　ゲーム ・ボールゲーム　・鬼遊び		・ボール投げゲーム	・ボールけりゲーム	・鬼遊び
F　表現、リズム遊び ・なりきり踊り　・リズム踊り				・表現、リズム遊び
〈体育的行事〉		（町民運動会） すもう大会	持久走大会	
〈生　活〉 (2)　規則正しく健康に気を付けて生活すること	・みんななかよし ↓	・あそびばへいこう ・なにしてあそぼうかな → ↓	→	・きたかぜとともだち
〈学級活動〉 (2)－キ　食育、学校給食、食習慣	・姿勢よく食べる ↓	・よくかんで食べる	・三角食べについて	・箸の使い方
〈学級活動〉 (2)－イ　基本的生活習慣が形成 (2)－カ　健康、安全な生活態度	**合科的学習テーマ** 「小学校って　たのしいね」 **〈内容〉** ・学校探検をしよう ・固定遊具遊びをしよう **〈関連教科〉** ・体育　・生活科		・基本的な生活リズム ～早寝・早起き 朝ご飯 歯みがき	
〈道　徳〉 １－(1)　健康安全に気を付け…規則正しい生活を…				
〈生　活〉 (1)　通学路の安全 (4)　公共施設…安全に気を付け…	・登下校指導			
〈健康・安全的行事〉	交通教室 避難訓練 →	→	→	→

Ⅱ.（幼）「人間関係」領域

幼稚園（５歳児）				
〈人間関係〉ねらい ① 幼稚園生活を楽しみ、自分の力で行動することの充実感を味わう ② 身近な人と親しみ、かかわりを深め、愛情や信頼感を育もう ③ 社会生活における望ましい習慣や態度を身に付ける			〈発達の姿〉 ◦友達と一緒に生活を楽しんでいく時期 ◦興味のある遊びを楽しみ、自己発揮していく時期 ◦友達のよさを認め合い、協力していこうとする時期	
内容＼期（月）	5期（4～5月）	6期（6～8月）	7期（9～12月）	8期（1～3月）
〈主に自分自身にかかわる内容〉 ⑵ 自分で考え、自分で行動する ⑶ 自分でできることは自分でする ⑷ いろいろな遊びを楽しみながら物事をやり遂げようとする気持ちをもつ ⑼ よいことや悪いことがあることに気付き、考えながら行動する	・いろいろな運動遊びにチャレンジ	・プールでの水遊びへのチャレンジ	・お店屋さんごっこのアイディアを考え制作 ・なかよし発表会の役割分担等を考える	
〈主に他の人とかかわる内容〉 ⑴ 先生や友達と共に過ごすことの喜びを味わう ⑸ 友達と積極的にかかわりながら喜びや悲しみを共感し合う ⑺ 友達のよさに気付き、一緒に活動する楽しさを味わう ⑻ 友達と工夫、協力して活動する ⑹ 自分の思ったことを相手に伝え、相手の思っていることに気付く	・集団遊び	・七夕まつり	・小学生との交流 （東郷小1年生と） （横山小1年生と） （押切小2年生と） ・なかよし発表会 （園外保育）	・小学校への体験入学 ・ひなまつり
⑽ 友達とのかかわりを深め思いやりをもつ	・誕生会 →	→	→	→
⒀ 高齢者、地域の人々など自分に関係の深い人に親しみをもつ	・老人クラブとの交流 （花だん、農園づくり）	・なの花荘運動会 ・「歌声なの花」との交流	・なの花荘敬老会	
〈主に社会にかかわる内容〉 ⑾ …きまりの大切に…守ろうとする ⑿ 共同の遊具や用具を大切にし、みんなで使う	・園外保育での公園遊具での遊び		・自ら選んだ活動でのきまりを守っての遊び	

（みかわ幼稚園 → 東郷小学校）

→（小）「生活」・「道徳」等への接続カリキュラム

小学校（1年生）	
〈生　活〉ねらい ①　自分と身近な人々、社会及び自然との関わりに気付く ②　自分自身や自分の生活について考える ③　生活上必要な習慣や技能を身に付ける **〈道　徳〉** 1.自分自身　2.他の人とのかかわり　4.集団や社会とのかかわり	**〈発達の姿〉** ◦自己中心性が強いが少しずつ自我意識が芽生えてくる時期 ◦身近な友達関係ができて、仲間とともに活動ができるようになる時期

内　容＼（月）	（4～5月）	（6～8月）	（9～12月）	（1～3月）
〈道　徳〉 1－(1)　身辺を整え、わがままをしないで規則正しい生活を…			（道） ・ぐんぐんのびろ	
1－(2)　やらなければならないことはしっかりと 1－(3)　よいことと悪いことを区別し… **〈生　活〉** (2)　…自分でできることを考え、自分の役割を積極的に果たす	（道） ・おてつだい	（道） ・ぼくにまかせてね （生） ・たのしいなつやすみ～どんなことをがんばるか	（道） ・わたしにもできることあるかな	（道） ・2年生になっても
〈生　活〉 (1)　先生や学校生活を支えてくれる人々や友達を分かり楽しく生活する **〈道　徳〉** 4－(4)　先生を敬愛し…学校の人々に親しんで…	（生） ・みんななかよし ↓	（道） ・学校のようむいんしゅじさん ↓		
〈生　活〉 (8)　身近な人と伝え合う活動 **〈道　徳〉** 2－(3)　友達と仲良く助け合う	**合科的学習テーマ** 「小学校って　たのしいね」 **〈内容〉** ・学校探検をしよう ・友だちや先生の名前を覚えよう **〈関連教科〉** ・生活科　・国語　・学級活動等		・５歳児の交流	（生） ・新しい１年生がくるよ
〈道　徳〉 2－(2)　幼い人や高齢者に… 2－(4)　お世話になった人々に感謝 **〈生活～取り扱い(3)〉** ・幼児や高齢者等の触れあい (3)　地域の人々と親しみ、愛着を…	↑	↑（道） ・楽しかったことをつたえよう （生） ・あざリンピック	**合科的学習テーマ** 「新しい１年生がやってくるよ」 **〈内容〉** ・１年生が喜んでくれることを考えよう ・１年生に学校を紹介しよう **〈関連教科〉** ・生活科　・国語　・図工等	
〈生　活〉 (4)　公共物の利用…約束やきまりを守り… **〈道　徳〉** 4－(1)　みんなが使うものを大切に 4－(3)　父母、祖父母の敬愛	（生） ・学校探検			

Ⅲ．（幼）「環境」領域

幼稚園（5歳児）

〈環　境〉ねらい

① 身近な自然に親しみ、自然と触れ合う中で様々な事象に興味や関心を持つ
② 身近な環境に自分から関わり、発見を楽しんだり、考えたりし、それを生活に取り入れようとする
③ 身近な事象を見たり、扱ったりする中で、物の性質や数量、文字などに対する感覚を豊かにする

〈発達の姿〉

◦興味・関心のある遊びを十分楽しみながら、自己発揮していく時期
◦数や文字に興味をもちはじめ、読んだり書いたりしたがる時期
◦活動範囲を広げて、いろいろなものに興味・関心をもって見たり、さわったりしようとする時期

内　容＼期（月）	5期（4～5月）	6期（6～8月）	7期（9～12月）	8期（1～3月）
〈身近な自然・動植物とのかかわり〉				
(1) 自然に触れて生活し、その大きさ、美しさ、不思議などに気付く	（シロツメクサやタンポポ） ・パークランドや近くの田んぼへ散歩	・園外散歩（公園等）	・木の葉、木の実拾い（秋さがし遠足） ・虫採り	・雪、氷遊び
(3) 季節により自然や人間の生活に変化のあることに気付く	・草花摘み、遊び （ヨモギ摘み）→クッキング	（ヨモギだんご作り）	・サツマイモのつるでリース作り	
(4) 自然などの身近な事象に関心を持ち、取り入れて遊ぶ		・カブトムシ、オタマジャクシなどの小動物の世話		
(5) 身近な動植物に親しみを持ち生命の尊さに気付き、いたわる	・花壇の世話 → ・ジャガイモ植え → ・野菜育て → （サツマイモ、ピーマン、トマト、キュウリ、大豆等）	 収穫（感謝祭） ・ダイコン植え →	 収穫（クッキング）	
〈身近なもの、情報とのかかわり〉				
(2) 生活の中で、様々な物に触れその性質や仕組みに興味関心をもつ		・日用品廃材を使った制作活動	・もちつき	
(7) 身近な物や遊具に興味をもってかかわり、考えたり試したり、工夫して遊ぶ	・室内外の遊具に広く親しんだり、めあてを持って取り組んだりする	・親子運動会種目へのチャレンジ	・自然物を使った造形遊び	・正月遊び
(6) 身近なものを大切にする	・遊び道具の後始末等使った物の整理整頓	→	→	→
(10) 生活に関係の深い情報や施設などに興味関心をもつ	（親子遠足）	（公園での遊び） 園外保育		
(11) 幼稚園内外の行事において国旗に親しむ	・入園式			・卒園式
〈数量や文字とのかかわり〉				
(8) 日常生活の中で、数量や図形などに関心をもつ	・積木遊び		・折り紙	・時計作り
(9) 日常生活の中で、標識や文字などに関心をもつ			・スマホ作り	・カルタ遊び ・ことばあつめ ・郵便屋さんごっこ

→ （小）「生活」・「国語」・「算数」・「図工」への接続カリキュラム

小　学　校（１年生）	
〈生　活〉ねらい (5)　身近な動植物などの自然との関わりに関心をもち…生活の工夫 (6)　身近な…社会及び自然との関わりを深めることを通して…よさや… (7)　動植物を育てる活動を通して…生き物に親しみをもち… **〈国　語〉**・言語文化と国語の特徴 **〈算　数〉**・具体物を用いての数量感覚 **〈図　工〉**・造形活動を楽しみ	**〈発達の姿〉** ◦ 文字や数字、自然の変化、社会の情報に関心をもち、自ら調べたり知ろうとする時期 ◦ 身近なものに関心をもち、自ら触れたり、作ったりすることを楽しむ時期

内　容＼（月）	（4～5月）	（6～8月）	（9～12月）	（1～3月）
〈生　活〉 (5)　身近な自然を観察したり、季節や地域の行事… (6)　身近な自然を利用したり、物を使って、遊ぶものを工夫し… (7)　動植物を育てたりして…生命や…生き物への親しみを… **〈道　徳〉** 3－(1)　生命を大切にする心 3－(2)　身近な自然に親しみ動植物に優しい心で接する	（生） ・なにがあるかな （生） ・ぐんぐんのびろ	（生） ・学校のまわりをさんぽしよう ・なにしてあそぼうかな	（生） ・あきをたのしもう	（生） ・きたかぜとともだち （道） ・あかちゃんがうまれるよ
	合科的学習テーマ 「春をみつけたよ」 **〈内容〉** ・外で春さがしをする ・外の遊具や公園で遊ぶ **〈関連教科〉** ・生活科　・音楽　・学級活動等			
〈図　工〉 A－(1)　身近な自然物を使っての創作遊び **〈生　活〉** (4)　公共物や公共施設を利用し… **〈道　徳〉** 4－(1)　みんなが使うものを大切に ・入学式	（生） ・いちねんせいになったよ ・さぁ、がっこうたんけんしゅっぱつだ （道） ・たのしいがっこう （行） ・全校苗植え	（道） ・わたしはもんしろちょう （生） ・さあ！　みんなででかけよう （行） ・協同除草作業	（図工） ・プレゼントをどうぞ （生） ・あそぼう、かざろう	（生） ・あたらしい１年生がやってくるよ ・卒業式
〈算　数〉 ・特に「算数的な活動」と関連させて ～具体物を使って	・学校探検・なかまづくりと数	・なんじ、なんじはん	・かたちあそび ・どっちがひろい	・かたちづくり ・けいさんピラミッド
〈国　語〉 ・特に「言語事項」と関連させて　～平仮名・片仮名	・もじのせかいにでかけよう	・しあせたいことをかきましょう	・いろいろな文字	・文をつくろう

Ⅳ.Ⅴ.（幼）「言葉」・「表現」領域

幼稚園（５歳児）	
〈言　葉〉ねらい ① 自分の気持ちを言葉で表現する楽しさを味わう ② 人の言葉や話などをよく聞き、自分で経験したことや考えたことを話し、伝え合う喜びを味わう ③ 日常生活に必要な言葉が分かるようになるとともに、絵本や物語などに親しみ、先生や友達と心を通わせる **〈表　現〉ねらい** ① いろいろなものの美しさなどに対する豊かな感性をもつ ② 感じたことや考えたことを自分なりに表現して楽しむ ③ 生活の中でイメージを豊かにし、様々な表現を楽しむ	**〈発達の姿〉** ◦友達関係を深めながら自分の考えを主張しようとする時期 ◦自分の発見したことや気付いたことを相手に積極的に伝えたくなる時期 ◦自分の思ったことやイメージしたことを絵や身体などで伸び伸び表現したがる時期

内　容＼期（月）	5期（4～5月）	6期（6～8月）	7期（9～12月）	8期（1～3月）
〈言葉による表現〉				
(1) 先生や友達の言葉や話に興味・関心をもち…聞く、話す (2) したり、見たり、聞いたり、感じたりしたことを言葉で表現する (3) したり、してほしいことを言葉で表現したり、分からないことを尋ねたり… (4) 人の話を注意して聞き、相手に分かるように話す	・帰りの会での振り返り発表 →	→	→	→
(5) 生活の中で必要な言葉を使う (7) 生活の中で言葉の美しさに気付く (10) 生活の中で文字で伝える楽しさを…	・誕生会で～自己紹介、質問タイム →	→	→	・郵便屋さんごっこ
(8) …イメージや言葉を豊かにする (9) 絵本や物語に親しみ…	・絵本貸し出し 読み聞かせ →	→	→	→ ・絵本制作
(6) 親しみをもって日常のあいさつをする	・朝のあいさつ さよならのあいさつ →			
〈感動的表現〉 (1) 生活の中で、音・色・形…などに気付いたり感じたりする (2) 生活の中で、美しいものに触れ、イメージを豊かにする		・音楽教室	・演劇教室	・昔話を聞く ・おひなさま見学
〈言語的表現〉 (3) 感動したことを伝え合う (8) イメージを言葉で表現したり演ずる…			・なかよし発表会	
〈造形的表現〉 (5) いろいろな素材…工夫して遊ぶ (7) かいたり、つくったりし…遊びに使ったり飾ったりする	・こいのぼり作り ・行事の後の絵描き →	・七夕飾り作り ・絵の具遊び →	・クリスマスリース作り ・お店屋さんごっこ品物作り →	・鬼のお面作り ・ひな人形作り →
〈音楽的表現〉 (4) 感じたことを音や動きで表現… (6) 音楽に親しみ、歌ったりリズム楽器を楽しむ	（行事歌も） ・帰りの会での歌 →	・和太鼓発表 →	・なかよし発表会 ・わらべ歌遊び →	→

（みかわ幼稚園 → 東郷小学校）

（小）「生活」・「国語」・「図工」・「音楽」への接続カリキュラム

小　学　校　（　1　年　生　）	
〈生　活〉ねらい (4)　…言葉、絵、動作、劇化などの方法により表現し… **〈国　語〉ねらい** (1)　…進んで話したり聞いたりしようとする態度を育てる (2)　…進んで書こうとする　(3)　…読書に親しもうとする **〈図　工〉ねらい** (2)　…感じたこと想像したことを絵・立体・工作に表す **〈音　楽〉** (2)　…音楽表現の楽しさに気付くようにする	**〈発達の姿〉** ◦自分の思っていること、考えたこと、イメージしたことなどを言葉や絵、動作などで表現することを楽しむ時期 ◦友だちといっしょにものを作ったり、いっしょに使って遊んだりすることを楽しむ時期

内　容＼（月）	（4～5月）	（6～8月）	（9～12月）	（1～3月）
〈国　語〉 A. 話すこと・聞くこと (1)ア. 身近なことや経験したことを エ. …興味をもって聞く オ. …話題に沿って話し合う (2)ア. 聞いて感想を述べたり… イ. 尋ねたり、応答したり…	・みんなたのしく	・おはなしのくに	・なつやすみにしたこと	・おはなし どうぶつえん
B. 書くこと (1)オ. 書いたものを…伝え合うこと (2)オ. 伝えたいことを手紙に書くこと	・幼稚園の先生に手紙を書こう	・しらせたいことをかきましょう	・えにっき	・文をつくろう
C. 読むこと (1)カ. 楽しんだりするために本を選んで (2)イ. 読み聞かせ… A－(2)ウ. 場面に合わせてあいさつ **〈道　徳〉** 2－(1) 気持ちのよいあいさつ	・お話を聞きたいな、読みたいな		**合科的学習テーマ** 「新しい1年生がやってくるよ」 **〈内容〉** ・1年生に学校を紹介しよう ・1年生にプレゼントしよう **〈関連教科〉** ・生活科　・国語　・図工等	
〈道　徳〉 3－(3)　美しいものに触れ、すがすがしい心をもつ **〈国　語〉** A－(2)エ. 身近な人に紹介したり… **〈生　活〉** (6)　…身近なものを使ったりして、遊ぶものを工夫してつくり… **〈図　工〉** A－(1)・(2)　造形表現 **〈音　楽〉** A－(1)・(2)　歌唱・器楽表現	**合科的学習テーマ** 「小学校って　たのしいね」 **〈内容〉** ・自分や友だちをしょうかいしよう ・みんなとなかよくあそぼう **〈関連教科〉** ・生活科　・国語　・道徳等 (生) ・わたしのはっけんをしょうかいします (図工) ・みんなでかざろう	(図工) ・かんじたこと おもったこと (音) ・いろいろな音に親しもう	(生) ・見つけたあきをつたえあおう (図工) ・たこ作り →	(生) ・新しい1年生がくるよ (図工) ・はこのなかまたち ・たこあげ

第３章　三川版「幼小接続カリキュラム」による具体的実践

1　みかわ幼稚園と東郷小学校の接続カリキュラムの実践 …… 39

(1)　幼小接続カリキュラムの作成に当たって …… 39
(2)　接続カリキュラム作成の視点 …… 41
(3)　東郷小学校入学直後の児童の実態と指導について …… 41
(4)　みかわ幼稚園接続カリキュラム …… 43
(5)　東郷小学校スタートカリキュラムの実際 …… 44
＊ 東郷小プラン　これまでの経緯と今年度の取り組み …… 44
＊ １年生のスタートカリキュラム …… 48
＊ 日課表 …… 49
＊ 生活科テーマ学習１，２，３ …… 50

2　町内小学校の特色ある接続（スタート）カリキュラム …… 53

(1)　横山小学校【英語活動編】 …… 53
(2)　東郷小学校【読書活動編】 …… 54
(3)　押切小学校【給食指導編】 …… 55

3　モデル開発プロジェクトにおける幼・小の実践 …… 56

(1)　みかわ幼稚園と東郷小学校の打ち合わせ会 …… 56
(2)　みかわ幼稚園５歳組の実践（第１回目） …… 60
(3)　みかわ幼稚園５歳組の実践（第２回目） …… 65
(4)　東郷小学校生活科の実践 …… 69
(5)　横山小学校生活科の実践 …… 74
(6)　押切小学校生活科の実践 …… 79

4　学習・生活全般での接続プログラム …… 87

(1)　教育内容面 …… 87
(2)　態度形成面 …… 91
(3)　生活全般に関わって …… 92
＊　幼児の運動能力調査を小学校につなぐ …… 94

5　家庭（保護者）との連携 …… 95

(1)「輝く小学校生活に期待して」 …… 95
(2)　より良い生活リズムをめざして「よい子の生活リズムがんばり表」 …… 103

6　交流活動の実際 …… 107

(1)　幼稚園５歳組の小学校訪問 …… 107
(2)　就学児体験入学 …… 108
(3)　小学生の幼稚園訪問（横山小の実践例） …… 109

第３章　三川版「幼小接続カリキュラム」による具体的実践

1　みかわ幼稚園と東郷小学校の接続カリキュラムの実践

⑴　幼小接続カリキュラムの作成に当たって

三川町は山形県の北西部に位置し、２市１町に囲まれた人口約7,600人、面積は33㎢と小さな町である。基幹産業は農業であり、いかに地域の活性化を図っていくか、その基盤になるのが「人づくり」としている。これから背負っていく子ども達に質の高い教育を受けさせようと、幼稚園と学校、家庭、地域、町が協働して子ども達を育てるための教育環境を整えている地域である。

三川町は、平成13年に町内にある保育園・幼稚園を一つにまとめ、園児220名を超えるみかわ保育園・幼稚園に統合した。そして、横山・東郷・押切の３小学校にそれぞれ進学し、三川中学校で再びいっしょになる。それぞれの園、学校は地域に育まれ、歴史と伝統・文化が築かれている。そのよい点を互いに伝え合い、実践していこうとしたのが、保幼小中15年の連携・接続である。

連携という言葉から、子ども達が戸惑いなく居心地よく過ごしやすいように教育現場の保育者や教員が情報交換を密に行ってきた。しかし、現実の学校では小１プロブレム、中１ギャップなど、新入学時に学校生活にとけ込むことができない子どもがいて問題になっている。三川町では、少しでもそのような子どもを出さないように、授業研究会や公開保育において、子どもの様子を観る機会を設け情報交換を行っている。また、園や小・中学校の教育課程編成において、就学を見据えた園のカリキュラムや年度当初の小学校のカリキュラムを工夫しようと研究・研修を積み重ねてきた。

町の教育研究所では、平成24年度に県の幼保小連携推進アドバイザー事業に取り組み、東北文教大学短期大学部子ども学科　水野則子学監　を講師に招き「幼保小連携スタ―トプログラムの理念」について学び、平成25年度は同じく東北文教大学短期大学部子ども学科　奥山優佳教授　より「スタートプログラムのおさらいとカリキュラム作成の演習」を行った。９月の作成委員会では、スタートプログラムの意味を理解した上で、三川町では連携を幼稚園課程から小学校課程へつなげるという意味で「スタートプログラム」を「接続カリキュラム」と名称を変更して、小学校のプログラムを「スタートカリキュラム」、幼稚園のプログラムを「アプローチカリキュラム」にした。

カリキュラム作成に当たって我々が大切にしてきたことが３つある。

① この時期に育てなければならない「自主性」と「思いやり」を育てること
② 三川町の特色を生かした教育課程にすること
③ 幼稚園と小学校の先生方が情報交換し、接続カリキュラムをいっしょに作成し、活用し、振り返りをすること

この3点を意識しながら取り組むことで、幼・小の円滑な接続が図られると考える。その意識で実践を担われたのが、三川町立みかわ幼稚園と三川町立東郷小学校である。

東郷小学校は、町の西側に位置し、大山川と赤川にはさまれた学区で、ほとんどが農地であるが、南側に工場が集まり、北側にはショッピングモールを中心とした大型商業施設がある。

200人を超えるみかわ保育園・幼稚園と比べると東郷小学校は100名を少し超えた児童数で、他の2小学校より少ない学校である。毎年20名前後の児童が入学しているが、新1年生にしてみれば新しい学び舎に生活すること、今までたくさんいた友達と分れて生活することなど不安要素も考えられる。これまでの入学当初の様子をしっかり捉え、どのような指導をしてきたのかを振り返りながらスタートカリキュラムを考えていきたい。

また、幼稚園での活動（遊びや行事）と小学校での活動（学習や行事）のつながりをどのように捉えるかも重要である。例えば、幼稚園・小学校ともに野菜園（畑）がある。サツマイモなど同じものを育て、調理して食べたり、制作してプレゼントしたりする活動がある。同じ内容の活動でも、その単元のねらい、導入、展開の仕方に違いがあれば子どもの意欲を高めることができると考える。だから、「幼稚園でやったことがある」という遊びの中にある学びに終わらせないように、保育園・幼稚園のねらいと活動内容を把握した上で、小学校での学習のねらいを考え、活動を展開していく必要がある。

また、町全体で取り組んでいる「食育活動」や「読書活動」「英語活動」等、三川町の保育者や教職員がこれまで築いてきた充実した内容をカリキュラムに位置付けていくことで、みかわ幼稚園と東郷小学校が融合した独自の接続カリキュラムが導き出されると考える。

今回のスタートカリキュラムを通して、小学校での実践を生かしながら幼稚園でのアプローチカリキュラムの見直しも図りたいと考えている。この活動を他の小学校にも紹介し、そこに込められた思いを汲んでいただき、それぞれの小学校のカリキュラムの自校化を進めていきたいと考えている。

さらに、三川町教育研究所が推進している3つの力～「聞く力」「がまんする力」「体力」と東郷小学校の教育目標「やさしさ」「かしこさ」「たくましさ」を結び付け、自主性と思いやりがバランスよく浸透していける一助になればと考えている。

⑵ 接続カリキュラム作成の視点

① 接続カリキュラムで育つ子どもの姿（どんな力をつけたいか）

「学んでいくことを自ら楽しむ子ども」の姿をめざして

・自発性や自主性が生まれ、自然に意欲的になる。（自主性）

・他者とのコミュニケーションを積極的に楽しむ。（思いやり）

＜教師の役割＞

・一人一人が何をやりたいかを大切にする。

・その活動を認め、評価してやる。

② スタートカリキュラム作成の工夫

・ステップアップにつながる発達段階を考慮した週時程

〜 児童の生活リズムが大きく変わるので、体を慣れさせながら、意欲が高まるような学校生活が送れるような週時程を計画する。

（午前の組み方、午後の扱いなど）

・小学校における教育課程編成上の配慮

〜 小学校入門期では、幼稚園での活動のねらいや内容、子どもの育ちを生かし、教科ごとの枠組みにとらわれない合科的・弾力的な学習を行うようにする。

・三川町ならではの合科的・関連的な指導計画の作成

〜 三川町は、田や畑、大きな川があり、自然豊かな環境を生かして、行事や学習活動を幼稚園・小学校でも行われているので、つながりを十分生かした学習ができるように計画する。また、幼稚園と小学校の交流が盛んにおこなわれているので、入門期にも人とかかわってきた体験を生かしながら合科的・関連的な学習を計画していく。

⑶ 東郷小学校入学直後の児童の実態と指導について

三世代同居の家庭を中心に、家庭では一人一人が大切にされている。一般的には、学校に協力的な家庭が多い。

小学校に入学することで生活リズムが大きく変化する。始業時刻が８時15分となることから、登校時間を差し引いても、午前６時前には起きて活動することになり、幼稚園に通園していたころとは１時間近く早く起きることになる。加えて、徒歩通学になると、自ら歩いて登校することになり（中には40分以上も歩く子も）体力的に慣れるまで抵抗と負担を感じる子が多い。５時間目には、疲れのピークに達する子も見られる。

また、一コマの学習が45分であり、基本的にその時間椅子に座り、机に向かうことになるので、持続して学習するのが難しい。

さらに、給食時では、生活リズムと同様、食事の時間や量に幼稚園とは違いがあり、個人差もあるので時間のかかる子が多く見られる。

しかし、幼稚園時代は、同じ町内の子ども達と過ごし、同じような経験を積んできていること、少人数であることなどから、指導も比較的行いやすい。
　そこで、段階的に小学校生活に慣れさせていくために、１コマを15分単位に分けたり、学校生活に適応するためのプログラムを組んだりしている。他にも、登下校のオリエンテーション、施設・用具の使い方、時間を意識した生活の仕方を指導している。

幼稚園５歳組　公開保育

幼稚園５歳組　公開保育

(4) みかわ幼稚園接続カリキュラム

			幼稚園 5歳組				東郷小学校 Ⅰ学年			
	時期		5期（4～6月頃）	6期（6～9月頃）	7期（9～1月頃）	8期（1～3月頃）	4月	5月	6月	7月
	発達の姿		5歳組としての喜びを持ち、友だちと一緒に生活を楽しんでいく時期	興味や関心のある遊びを十分に楽しみながら、自己発揮していく時期	友だちと関係を深めながら、見通しやめあてを持って活動していく時期	友だちの良さを認め合いながら協力し，活動を展開していく時期	○自己中心性が強い時期　○自我意識が芽生える時期　○身近な友だち関係ができる時期 ○大人に対する依存意識が強く、先生と結びつこうとする傾向がある時期 ○具体的な思考ができる時期　○決まりを画一的に守ろうとする時期			
	ねらい 目標		○進級の喜びや自覚を持ち，園生活を楽しむ ○興味や関心のある遊びをする中で、友だちとの関わりを楽しむ	○いろいろな活動の中で，試したり工夫したりして遊ぶ ○友だち同士、考えやイメージを伝え合いながら遊ぶ	○自分なりの見通しやめあてを持って遊びに取り組む ○友だちとの遊びの中で、役割を分担したり協力したりして遊びを進める	○入学への喜びや期待を持ち、いろいろな活動に意欲的に取り組む	○自分がしたいと思うことに取り組む ○友だちの話や気付きに関心を持つ ○一つ一つの行動にけじめをつける		○教科学習等へ「学び」に興味・関心を持つ ○自ら考え行動する ○友だちとのトラブルを話し合って解決していく ○学校生活や学習のルールを守る	
幼小接続カリキュラム	適応授業	適応Ⅰ（生活） 〈健康〉	誕生会→→→→→→ ・遊びでのルール→ （順番・安全・ルール等） ・避難訓練　→→→ ・かもしかクラブ発会式 ・生活の仕方 （準備・着替え・時間等）	誕生会→→→→→→ ・遊びでのルール ・避難訓練 （不審者対応訓練） └→→→	誕生会→→→→→→ ・午睡週間の生活リズムの変更 ・みんなで大掃除→ ・避難訓練 ・園外保育で歩行訓練	誕生会→→→→→→ ・午睡なし ・給食準備、牛乳おやつ ・みんなで大掃除 ・避難訓練 ・かもしかクラブ修了式	→支えてくれた人への感謝 ・小学校の1日の流れ ・学校の約束→（道徳）決まりを守る ・トイレの使い方 ・給食配膳・片付けなど ・清掃活動　・遊びの中の安全指導 ・一斉下校指導　・交通安全指導		＜健康＞から接続 ・生活リズムに気を付けよう （早寝早起き朝ご飯） ・避難訓練 ・廊下歩行 ＜言語＞からの接続　・話の聴き方指導 ・進んで「あいさつ会釈返事」の指導	
		適応Ⅱ（学習） 〈言語・表現〉	・あいさつ ・聞くこと、話すこと ・（日常の中で） ・絵本貸し出し ・担任読み聞かせ	・虫捕まえ・草花摘み→ （動物への関心） ・プラネタリウム（星に関心） ・絵本貸し出し→→→ ・わらべ歌遊び→→→ ・七夕飾り→→→	・虫捕まえ→ ・時計遊び（数字に親しむ） ・英語で遊ぼう→→→ ・表現遊び（楽器・歌・劇・ミュージカル・和太鼓） ・お店屋さんごっこ	・身長計の掲示 ・英語で遊ぼう ・郵便屋さんごっこ ・かるた遊びしりとり （文字に親しむ） ・鬼のお面・雛人形作り ・わらべ歌遊び	＜生活＞より→自然観察 ＜言語より＞→ ・ひらがな・話す・聞く ・鉛筆の持ち方 ・図書館の使い方 ＜生活より＞工夫して作る・歌唱、器楽へ	→（3年理科へ） →（音楽へ）		
		適応Ⅲ（運動） 〈健康〉	・食後の歯磨き ・箸の持ち方指導 ・食品への関心 ・固定遊具遊び （雲梯・鉄棒・ブランコ） ・運動遊び （縄とび鬼ごっこサッカー）	・歯磨き・橋の持ち方 ・食品への関心 ・グラウンドでのマラソン ・プール遊び ・幼児体育教室 （リズム運動） ・（行事）親子運動会	・蝶々結び ・グランドでのマラソン ・運動遊び （マット・ボール・縄跳び・竹馬） ・幼児体育教室	・運動遊び （とび箱・ドッジボール・一輪車） ・雪、氷遊び ・集団・ふれあい遊び （しっぽとり鬼等）	→歯磨き指導 →食育指導 →体育：走の運動遊び 運動遊び・ゲーム 表現・リズム遊び 体づくり（ほぐし）運動	→（体育へ）		
		適応Ⅳ（関係） 〈人間関係〉 〈環境〉	・小学校訪問 ・集団遊び（ルール） ・老人クラブとの交流 （花壇・農園づくり）	・押切小2年来園交流 ・なかよしタイム （3～5歳の交流遊び） ・なの花荘訪問交流 ・老人クラブ菜の花交流会	・異年齢交流 ・町民音楽会 ・横山小1年来園交流 ・協同の遊び （運動会・なかよし発表会・お店屋さんごっこ）	・東郷小1年来園交流 ・就学児一日体験入学	→異年齢交流 ・学校たんけん ・1年生を迎える会 ＜生活科＞ →「1年生になったよ」	＜生活科＞「ぐんぐんのびろ」	＜生活科＞「げんきにそだて」	＜生活科＞「夏がやってきた」
	体験活動	園外体験	・園外体験　→ ・ジャガイモ、さつまいも野菜の植え付け ・栽培記録	・園外体験　→ ・ジャガイモ掘り（クッキング） ・ダイコン種植え	・園外体験　→ ・ジャガイモ掘り（クッキング） ・ダイコンの収穫		→校外学習 →勤労生産活動・行事	・農園活動		
	伝統行事			・七夕まつり	・正月遊び ・餅つき体験	・節分 ・ひな祭り	→季節や地域の行事	・児童会行事「アザリンピック」	・地区運動会	

(5) 東郷小学校スタートカリキュラムの実際

＜　東郷小プラン　これまでの経緯と今年度の取り組み　＞

1) これまでの経緯

三川町独自の「幼小接続スタートプログラム」を作成するために、幼小連携研修会を実施し、以下のことを検討し進めてきた。

① 三川町連携推進全体構想の作成
- ・町の教育目標、幼稚園の教育目標、小学校の教育目標を併記してつながりを確認する。
- ・子どもの発達の姿、幼稚園教育要領のねらい、小学校の教科のねらいのつながりも捉える。

② スタートカリキュラムの作成
- ・従来の小学校１年生１学期（４月～７月）の単元を見直し、適応学習を取り入れるようにする。
- ・教科間の関連を図った合科的な学習を設定する。

③ テーマの単元構成図の作成
- ・幼稚園の教育要領（５領域）と小学校の指導要領（各教科等）とのつながりを明らかにし、整合性を図る。
- ・幼稚園のねらいを引き継ぎ、子どもの興味・関心の実態、教師の願いを汲み入れて、自主性と思いやりを育てる手立てを明確にし、学習活動を組み立てる。

④ 単元に関わる情報交換
- ・子どもの姿から、できること、させたいことを整理する。（経験知を共有する）
- ・それを受けて、１年生が０からのスタートではなく、幼稚園で培ってきた能力を最大限生かすようにする。

スタートプログラムの作成に当たっては、東北文教大学の水野則子先生、奥山優佳先生よりご指導をいただき、幅広い視野で子ども達を支援することの大切さをご示唆いただいた。

2) 具体的な取組方について

計画から実践へ向けては、机上での計画をもとに、実際行ってみての成果と課題を明らかにして改善を加えていく。

① より広い考え方できるようにするための研修
- ・小学校教諭の独特の考え方「～できる（一定基準まで達成させる）」という捉え方だけで見ない。
- ・幼稚園の先生方の子どもの見取りを参考に、自主性と思いやりを伸ばす方法を模索していく。

② 子どもの姿をよく見つめ、子どもの生活（学び）の総合的な追求

・幼稚園では「遊び」も「学び」と捉え、子どもの意欲が高まる方法を考えていく。

・準備の段階も「学び」と考え、子ども側に立った支援を行う。

③ 職場の同僚性を高め、１年生の支援をより確かなものに

・１年生を０からのスタートと見ない接し方をする教職員の意識をつくる。

・１年生の顔をいち早く覚えるように、写真入りの名簿や掲示を作成する。

・縦割り班活動での１年生の役割を確認していく。

3） 具体的な取組例　　国語「ひらがな」適応130分の実践より

～ 計画→実践→省察→評価→改善（ＰＤＣＡサイクル）～

Ｐ（計画）

・計画は、昨年度作成した単元構想図とスタートカリキュラム東郷プランを使用した。ゆとりある時間配分で子どもの実態を見て実施。

Ｄ（実践） 国語「ひらがな」

・ねらい～正しく鉛筆を持ちながら、形に気を付けながら書く。

Ｃ（省察・評価）

・ゆとりある時間設定なので、子どもはゆったりと学習に向かっていた。

・書くという作業だけになり、笑顔が少ない。

・姿勢が崩れがちになる。

・鉛筆の持ち方が不安定になる。

・１対全体なので、自分の方に先生が来ないと不満げである。

Ａ（改善）

・言葉を書くということは便利であることを強調するため、子ども達のお話や思い出などを授業の最初に取り入れる。

・授業のはじめに、しりとりを取り入れ言葉の楽しさを味わわせる。

・姿勢表を黒板に貼り、自分から意識できるようにする。

・鉛筆の持ち方の写真を黒板に貼り、自分から意識できるようにする。

・先生から認められたという証のシールを一人一人の机間指導のときに、ノートやプリントに貼ってやり安心感を持たせる。

・友達同士の関り合いも大切にし、「難しい」というつぶやきや、上手に書けるコツを話し合える場を意図的に設定する。

そして児童理解へ

・教師が評価する「書く能力、意欲や態度」以外にも、子ども同士の中から気付きや学びが見えるようになってきた。
・その子なりのやる気の出させ方が見えるようになってきた。
・個人の特性が見えてきた分、教師にもゆとりが生まれ、子どもにも安定して活動をサポートできるようになった。
・これらのことを生かして、さらに次の計画へフィードバックさせる。

＜　実際の時間から見るスタートカリキュラムの東郷小プラン　＞

これまでの計画をもとに、接続期により柔軟に対応しようと45分の授業時間を以下のように試行した。

目　標	時　数	教　科
適応Ⅰ（学習）	30分×45回	国語～20h、算数～10h
適応Ⅱ（生活）	30分×９回	学活～６h
適応Ⅲ（仲間）	30分×９回	国語～２h、音楽～４h ソーシャルスキル的要素含めて

実際の時間

・第１週目　４月９日～11日
　適応Ⅰ　３h＝135分（30分×4.5回）
　適応Ⅱ　１h＝45分　（30分×1.5回）
・第２週目　４月14日～18日
　適応Ⅰ　６h＝270分（30分×９回）
・第３週目　４月21日～26日
　適応Ⅰ　６h＝270分（30分×９回）
　適応Ⅲ　１h＝45分　（30分×1.5回）

実際例

・第１週目　９日　国語「進んで話そう、あいさつ・へんじ」の学習
幼稚園教育要領の「言葉」「表現」領域<言葉による表現>⑴「先生や友達の言葉や話に興味・関心を持ち…聞く、話す」内容を継続できるようにする。
幼稚園教育要領の「人間関係」領域<主に社会にかかわる内容>⑴「きまりを守ろうとする」内容を継続できるようにする。

・あいさつの実際場面を想起させあて、声の出し方などを学習した。
・返事のルールを確認し、実際やってみた。
・みかわ保育園・幼稚園、いのこ保育園でもやっていてできるようにはなっていたが、環境も変わり戸惑いも見られ、再度共通に確認をして、明るい生活が送れるように指導した。

子どもの集中力がとぎれたので、30分で終了した。

幼稚園教育要領の「言葉」「表現」領域(9)「絵本や物語に親しみ…」の内容を継続できるようにする。

・立ったり座ったりして、動く活動が多かったので、児童の様子を見て、読み聞かせを行った。

試行後の意見

○　計画はあるが、子どもの様子を見て集中できそうなときは、時間を延ばして行う。

○　全体計画作り、運用時に柔軟に対応できるようにしておくことが、子どもにも担任にもよかった。

○　本好きな子が多く、緩やかなスタート時や活動間では、読み聞かせの効果があった。幼稚園での活動の記録から、どんな活動がよいか考えることができた。

▲　細かく15分単位で細部計画を立てたり記録したりすることは、担任に負担感を持たせるようだ。

▲　80分の合科的な取り組みは、少し長くやりづらかった。

記録の残し方

週案週録について、今まで通りの枠で週予定を作成し、適応学習を行ったところに赤丸を付けて記録に残すようにした。

・振り返りがやりやすく、どこを伸ばし、どこを時間的に短くしたかが視覚的に捉えやすかった。
・新たな週案を作成するのではなく、今までのものに改良を加えるものとしたことで負担感が少なく取り組めた。
・担任が、１時間目などに意識して適応学習を行うことができた。

＜全体考察＞

幼稚園での活動を生かしたカリキュラムを組み実践に結び付けてきたが、時間配分や内容の吟味については、実際行ってみてはじめてわかった面が多くあった。ＰＤＣＡサイクルを機能させることによって、よりよいカリキュラムのあり方が見えてきた。今後の実践改善に結び付けていきたい。

小学校第1学年前期のスタートカリキュラム（東郷小案）

従来の1年生1学期の前期総時数（329h）　新1年生総時数＝スタートカリキュラム時数92h（適応授業時数42h＋テーマ別合科学習50h）　＋ 従来の授業時数237h

	項目	時数	4月	5月	6月	7月
スタートカリキュラム	目標		1. 自分がしたいと思うことに取り組むことができる。 2. 友達の話や気づきに関心を持つことができる。 3. 一つ一つの行動にけじめをつけることができる。	1. 教科学習等への学びに興味関心を持ち、自ら考え、行動することができる。 2. 友達とのトラブルを話し合って解決していく等、仲間意識を持つことができる。 3. 学校生活や学習のルールを守ることができる。		
適応学習 63回 42h	適応Ⅰ（学習） 国 20h 算 10h	45回 ×30分	A:（読み）本の世界は楽しいな（10回） B:（書き）しっかり書こう「あいうえお」（20回） C:（計算）1、2のさんすう！（15回）	（学習用具の準備、使い方、話の聞き方　読み聞かせ＋お絵かき、クイズ、質問など） （学習用具の準備、使い方、えんぴつの持ち方、ひらがな　さがし、書き方、名前集め、くっつきの字、短冊づくりなど） （学習用具の準備、使い方、数える、何番目、たしざん、ひきざん、時計など）		
	適応Ⅱ（生活） 学活 6h	9回 ×30分	①安全な登下校　②楽しい給食　④学校の約束（廊下の歩き方 トイレの使い方 遊び方）	③学校をきれいに「掃除の仕方」掃除　⑤図書室の使い方　⑥交通事故に気をつけて　⑦火事や地震が起きたら[避難の仕方]	⑧遊具での遊び方	⑨生活リズム（早寝早起き朝ごはん テレビ ゲームはルールを守って）
	適応Ⅲ（仲間） ソーシャルスキル的要素も 国 2h 音 4h	9回 ×30分	①進んで「あいさつ」「会釈」「返事」・自己紹介　②話し方、話の聞き方 伝言ゲーム　④ロンド橋（歌遊び）　⑤じゃんけん列車	③ナンバーコール　⑥質問じゃんけん　⑦スピーカー	⑧新聞紙1枚の空飛ぶじゅうたん	⑨ 班のシンボルマークづくり
92h	生活科を核にした総合的な学習 教科の関連を組み入れた合科的な学習	50h 生 24h 国 19h 図 3h 道 2h 音 2h	テーマ学習1　小学校って楽しいね　一年生になったよ　33時間（生活科 14h　国語 15h　図工 3h　道徳 1h） 学校探検Ⅰ 5h　1学校巡り体験 → 2忍者になって探検ゲーム → 学校探検Ⅱ 5h　3友達と好きな場所、遊べる場所探し → 学校探検Ⅲ 4h　4お気に入りの人・モノ・場所再調査 国語「お話を聞きたいな読みたいな」6h　○読み聞かせ。　国語「みんなとたのしく」　○あいさつ 1h　○自己紹介 図工「すきなものなあに」3h　○すきな場所をさがす　○すきな場所を楽しく描く 関連　学級活動「ルール 校舎の使い方 掃除」　道徳「じゅぎょうがはじまります」1h 国語「絵や言葉で書きましょう」8h　○学校の気に入った場所・人・モノ又は遊びなど絵や言葉で書く。　○友達と伝え合う。	テーマ学習2　春をみつけたよ　17時間（生活科 10h　国語 4h　音楽 2h　道徳 1h） 国語「なかよしⅠ」2h　○絵から春の様子を感じ取る。・どんなところ？・何している？・どんなお話をしている？　○動物やものの名前　○絵からお話を想像する。 生活科「さあみんなででかけよう」10h　道徳「わたしはモンシロチョウ」1h　○学校の周り、春の道、春の公園などで春をさがし、遊ぶ。 音楽「うたでさんぽ」2h	国語「なかよしⅡ」2h　○体験をもとに、お話の言葉を 再度、お話の中の動物たちの 言葉を想像する。 関連　体育「固定遊具遊び」　学級活動「遊具の使い方」	
従来のカリキュラム	学校行事	18h	（新任式・始業式） 入学式　身体計測　内科健診　歯科検診	交通安全教室　運動会	相撲大会　演劇教室	除草作業
	児童会活動	5h				あざリンピック練習　あざリンピック
	学級活動	~~12h~~ 6h	~~1. 1年生になって~~　~~2. 楽しい給食~~　~~3. わたしたちのきまり~~　~~4. 安全な登下校~~	5. ともだちいっぱい　~~6. 安全な避難~~　~~7. 図書館の使い方~~	8. 安全な水遊び　9. きれいな歯　10. 係活動	11. 楽しかった1学期　12. 夏休みのくらし
	国語（書写）	~~108h~~ 64h	1. なかよし ~~7h~~→3h　2. みんなとたのしく ~~5h~~→4h　~~あいうえお 2h~~　~~ひとつとり 2h~~　~~書写 2h~~	3. おはなしをききたいな、よみたいな ~~9h~~ 3h　4. はなしましょう、ききましょう 5h　みつけてみましょう 1h　4. 絵と言葉で書きましょう ~~8h~~　~~言葉「かき、かぎ」2h~~　~~たのしくよみましょう1・2（あいうえお、かぎかっこ）4h~~　~~書写 4h~~	6. けむりのきしゃ 6h　6. なにがかくれているでしょう（説明文）　7. しらせたいことをかきましょう　月例テスト 1h　※せんせい、あのね　ぶんをつくってみましょう　~~言葉「ねこ、ねっこ」2h~~　~~「しゃ、しゅ、しょ」2h~~　~~書写 3h~~	7h　8h　月例テスト 1h　2h　8. おはなしのくに 2h　9. おおきなかぶ 9h　10. 本をよみましょう 4h　11. えにっき 6h　言葉「は、を、へ」~~2h~~→1h　書写 ~~2h~~→1h
	算数	~~53h~~ 43h	1. なかまづくりとかず ~~14h~~→11h　なかまをつくろう　くらべよう　10までのかず　大きい数小さい数　0という数	2. なんばんめ 2h　3. いくつといくつ ~~9h~~→7h	4. あわせていくつ、ふえるといくつ ~~9h~~ 6h　6. 10より大きいかず 8h	5. のこりはいくつ、ちがいはいくつ ~~8h~~ 6h　7. なんじ なんじはん 3h
	生活	~~38h~~ 14h	~~○一年生になったよ 14h~~	○ぐんぐんのびろ 4h	~~○さあみんなででかけよう 10h~~	○なつがきたよ 10h
	音楽	~~24h~~ 18h	○うたでなかよしになろう 4h → 2h　うたでさんぽ　そうさんのさんぽ　てとてであいさつ	○はくをかんじとろう ~~7h~~→3h　◎さんぽ　なまえあそび　○はくにのってリズムにのろう　じゃんけんぽん	げんこつやまのたぬき　◎しろくまのジェンカ 7h　ぶんぶんぶん	ことばあそび 6h
	図工	~~24h~~ 21h	○かんじたことを 2h　○お日さまにこにこ 2h	~~○すきなものなあに 3h~~　○みんなでかざろう 2h　○すなやつちとなかよし 2h	○ねんどでつみき 3h　○おってたてて ゆめの町 4h	○ケーキやさんになろう 2h　○ドアのむこうに 2h　○かげをうつして 2h
237h	体育	37h	○たのしくあそぼう　鬼遊び 2h　固定遊び 3h　体ほぐし 2h	○多様な動きをつくる運動遊び　固定遊具遊び 4h　かけっこ 4h　多様な動きをつくる運動遊び 3h	○ゲーム　鬼遊び 2h　ボール遊び 3h　多様な動きをつくる運動遊び 5h　（すもう・マット）	○水遊び　水に慣れる遊び　浮く・もぐる遊び 9h
	道徳	~~13h~~ 11h	~~たのしいがっこう 1h~~　いつでもどこでも 1h	じゅぎょうがはじまります 1h　おてつだい 1h　~~バムのおかたづけ 1h~~　わたしはモンシロチョウ 1h	うちのきんぎょ 1h　いなりやまのこんたろう 1h　ごろりんごろごろ 1h　がんばれホイッ 1h	ぼくにまかせてね 1h　がっこうのようむいんさん 1h　かぼちゃのつる 1h
前期総数 329h	項目	時数	4月	5月	6月	7月

日　課　表

時刻	時間	月	火	水	木	金
8：15	15分	短学活	全校朝会	朝の読書	朝の読書	朝の読書
8：40 8：55	15分	朝の会（あいさつ・健康観察・朝の歌・連絡）				
9：25	**1**	1時間目＜30分＞ 学校生活への適応学習1（ルール・生活の仕方）				
10：15	**2**	2時間目＜45分＞				
10：35	20分	業間休み				
10：40						
	3	3・4時間目＜80分＞ 生活科等を核にした合科的な学習				
12：00	**4**					
12：55		給食　　歯磨き				
13：00						
13：30	30分	昼休み	なかよし ロングタイム （50分）	昼休み 13：15 13：20清掃 13：35	なかよし ロングタイム （50分）	昼休み
13：35						
13：50	15分	清掃		13：40		清掃
13：55						
14：40	**5**			14：25 帰りの会 14：40		
14：55		帰りの会	帰りの会	SB14：50 SW14：55	帰りの会	帰りの会
15：00 下校	（下校）			*B日程*		

SB15:10

1・2、3・4時間目を弾力的に組み合わせる。

単元構想図

単元名

テーマ学習1【小学校って、たのしいね！】

学習時期

4月～5月

単元の目標 と 評価

学校たんけんの活動を中心に、総合的に学校、友だち、先生とかかわることによって、新しい先生や友だち、学習環境などに慣れ、親しみ、小学校生活への期待をふくらませる。

学習活動

学校となかよし

- お兄さん、お姉さんの名前を覚えよう
- 学校探検をしよう
- 「たのしいがっこう」　「じゅぎょうが　はじまります」

テーマや合い言葉を書いてもよい。時数や教科の等の配当も書き込み可能。

友だちとなかよし

- 友だちの名前を覚えよう
- 自己紹介をしよう
- 固定遊具遊び

先生となかよし

- 先生の名前を覚えよう
- 学校のきまりを覚えよう
- 好きなものを楽しく書こう

具体的にどんなことを仕組んでいくか

自主性を育てる手立て

○ 自分で行動したり、選択したりする場面をつくり、自分の考えで行動させる。
- 学校たんけんで、先生方や友だちに意欲的に話すようにさせる。
- 学校たんけんで、地図を渡し、小集団グループで活動させる。
- 学校たんけんで、自分からあいさつをし、先生方や友だちにサインをもらう。

思いやりを育てる手立て

○ 他の人との関わりの場面では、あいさつの仕方、話し方で相手のことを考えてさせる。

○ 学校のものはみんなで譲り合って使うことを考えさせる。

○ 活動では、相手の話をしっかり聞いたり、順番を守ったり、気持ちを伝えたりさせる。

大切にしたい活動

○ あいさつ、返事、会話を通して他の人（先生・友だち・上級生）とのかかわること。

○ 学校のきまりを理解し、きまりを守ることで気持ちのよい生活ができること。

○ 自分から進んで活動に取り組もうとする気持ちを大切にすること。

教師がこの単元で、子どもたちに感じてほしいことや気付かせたいなど、何を大切にしていくのか。（単元での軽重ではないが、）

子どもの興味・関心
（子どもの思い）

○ 小学校ではどんな勉強をするのか楽しみだ。

○ 広い体育館、グランド、遊具などを思い切り使って遊びたい。

○ 新しい先生、上級生の人はどんな人なのか知りたい。

子どもの実態
子どもを取り巻く環境（施設・交流）

○ 幼稚園の時に一度訪れている小学校なので、建物のことは少しはわかる。

○ わからないことがあるので、心配だけど、これから経験することは楽しみなことが多い。

○ 勉強するということに憧れを持っている。

教師の願い
（育てたい力）

○ 自分から進んで活動すること。

○ 簡単な小学校のきまりを知ることきまりを守って生活すること。

○ みんなで一緒に活動するところと自分で活動するところを区別できる。

○ 聞いたり、尋ねたりして他の人と関わりをもつことができる。

幼稚園でのねらいと活動内容

- 小学校を訪問し、建物や先生、お兄さんお姉さんたち、園にはない教室や設備に関心をもつ。
- 授業の様子を見て、関心・あこがれをもつ。
  → 小学校訪問（6月）
- 授業や給食を体験し、入学への期待が高まる。
  → 1日入学（1月）
- 成長を喜び合い、小学校生活に期待をもつ。
  → 卒園式
- 園生活をふり返ったり、和太鼓演奏や畑の世話の引き継ぎをしたりすることで、卒園を喜び小学校入学への期待をもつ。
  → 引き継ぎ会、お別れ会
- 自分の成長に気付き、小学校入学を楽しみに思う気持ちをもつ。
  → 思い出帳作り
- 歌を歌ったり絵本を読んでもらったりして、1年生の生活にあこがれの気持ちをもつ。
  → 歌『1年生になったら』 絵本『ぼくは1年生だぞ！』
- あいさつや返事の大切さに気付き自分からしようとする。
- ルール（決まり）を守る大切さに気付くようにする。
  → ルールのある遊びや日々の園生活を通して。
- 鉛筆で描く楽しさを味わい、正しく持って描こうとする。
  → 自由画
- 絵本に親しみをもつ。

幼稚園の先生方から実践していることを聞いて書きこんでいる。

単元構想図

単元名

テーマ学習２【春をみつけたよ】

学習時期

４月下旬～５月

単元の目標 と 評価

○進んで自然と触れ合い，自然の変化や不思議さを感じ取り，遊びや生活を楽しもうとしている。
○四季の変化，季節によって生活の様子が変わることについて，自分なりに考えたり，振り返ったりして，自分たちの生活を工夫し,それを素直に表現することができる。（試行、表現）
○自然と触れ合い，楽しく遊びながら季節の変化や遊びの楽しさ，自然の不思議さなどに気付いている。（気づき）

学習活動

外で「はるさがし」をしよう

- 春の歌を歌おう
- さあ、みんなででかけよう
- わたしはもんしろちょう（道徳１）
- 絵から春の様子を感じ取る
  動物やものの名前　絵からお話を想像する

外で思いっきりあそぼう

- 遊具の使い方を知る（学活１）
- 遊び方のきまりを知る
- 遊具で遊ぶ
  固定遊具遊び・かけっこあそび
  おにごっこ
- さあ、みんなででかけよう

はるをさがしながら公園で　あそぼう

- さあ、みんなででかけよう

自主性を育てる手立て

○ 目的をもって先生に尋ねたり、図鑑などを参考にしたりして植物や生き物の名前を調べることができるように支援する。

○ 自然環境を生かして、工夫して遊ぶことができるように支援する。

○ 春の動植物や昆虫を見つける興味を持つことができるように支援する。

思いやりを育てる手立て

○ 小さな命の存在に目を向けさせながら、生き物を大切にする気持ちを育てるように支援する。

○ 約束を守りながら、友だちと譲り合って、遊具を使えるように支援する。

○ 地域の人とあいさつをしたり、会話をしたり他者とのかかわりを持てるように支援する。

大切にしたい活動

○ 季節の変化に気づくこと
○ 外での安全にかかわること
○ 積極的に自然にふれあうこと
○ 地域の人とかかわること

子どもの興味・関心
子どもの思い

○ 外で思いっきり遊びたい。

○ 春になって、花や虫をみつけてみたい。

○ 虫を捕まえて飼ってみたい。お花を摘んでみたい。

○ 学校の外にも出かけてみたい。

子どもの実態
子どもを取り巻く環境（施設・交流）

○ 学校の周りの植物は幼稚園で見ていたものは知っているが、幼稚園とはと違うので小学校には何がわからない。

○ 遊具も幼稚園とは違うので使い方がわからない。

○ 幼稚園の植物遊びや生き物を飼った経験がある。（めだかなど）

教師の願い
（育てたい力）

○ 春の植物や小動物を探しに興味や目的を持って活動すること。

○ 春を感じながら素材を生かした活動をすること。

○ きまりを守って、友達と仲良く活動すること

幼稚園でのねらいと活動内容

・ 草花や小動物への興味、関心を高める。

　→ 草花を使った遊び（色水遊び、指輪作り、草相撲など）
　→ 摘んできた草花を部屋に飾ったり持ち帰ったりする。
　→ カブトムシを土から取り出したり飼育したりする。
　→ 散歩でオタマジャクシを捕まえ、カエルになるまで飼育する。
　→ ヨモギを摘んで、ヨモギだんご作りをする。
　→ フキノトウ、ツクシを摘んで、天ぷらにしてもらい食べる。

・ 交通安全や安全な遊び方やきまりを知り守ろうとする。

・ 季節を感じる。（空、雲、風などを含め）
　→ 戸外遊び、散歩。

・ 歌を歌い、歌詞や曲の雰囲気から春を感じる。
　→『春の風』『はるがきた』

・ 絵本や図鑑を通して、春の自然に興味をもつ。
　→ 読み聞かせ。遊び場への絵本，図鑑の提示。

・ 空、雲、風の様子に目を向け、季節を感じる。

単元構想図

単元名

テーマ学習3【あたらしい1年生がやってくるよ】

学習時期
1月～2月

単元の目標

○ 来年度に入学してくる新しい1年生を迎えるために、自分の1年間の生活やできるようになったことを振り返ったり、新しい1年生とかかわりを深めたりする中で、自分自身の成長に気付き、進級への期待感と意欲をもつことができる。

学習活動

国語「文を作ろう」「読み聞かせ」　体育「おにあそび」
生活科「たのしかったね1ねんかん」
図工「みんなでかざろう」「プレゼントをどうぞ」
学活「あたらしい1年生がくるじゅんびをしよう」

【どんなことをしたら1年生がよろこんでくれるかかんがえよう】
・教室を飾ろう
・プレゼントを作ろう
・名札を書こう
・お手紙を書こう

【1年生に学校をしょうかいしよう】
・学校を案内しよう
・読み聞かせをしよう
・いっしょに学習しよう
（名前を書く。）
（おにごっこなど）

【ふりかえろう】
・お手紙を書こう
・さあ、もうすぐ2年生

自主性を育てる手立て

○ 迎える計画では、何をしたらよいかをこれまでの経験から考えさせる。
○ 役割を決めて、準備、後片付を自分たちで行わせる。
○ 活動では、事前の計画を大事にして、自分たちで活動させる。

思いやりを育てる手立て

○ 迎える計画の中で、何をすると幼稚園の子によろこんでもらえるか考えさせる。
○ 一緒に活動する場面では、幼稚園の子の様子を見て行動させる。
○ 振り返りの場面では、楽しかったことやがんばったことをお手紙にして書かせる。

大切にしたい活動

○ 幼稚園の子に楽しんでもらえること、よろこんでもらえるための活動を考えること
○ 計画を立てる場面では、自分たちの意見を出させること
○ いっしょに活動する場面では、進んで年下の幼稚園の子にかかわること

子どもの興味・関心
（子どもの思い）

○ 学習したことを幼稚園の人に教えてあげたい。
○ 学習したことを発表したい。
○ 小学校で一緒に遊びたい。

子どもの実態
子どもを取り巻く環境（施設・交流）

○ 小学生として、幼稚園の子を面倒を見てあげられる。
○ 担任の先生の指導の下、学級での簡単な発表会ができる。

教師の願い
（育てたい力）

○ 友だちと協力し合うやさしい気持ちを育てること。
○ 異学年交流の楽しさを感じさせること。
○ 進んで計画、役割分担、活動ができること。

幼稚園でのねらいと活動内容

・ 役割を分担したり協力したりしてお店屋さんごっこを楽しみ、友達や異年齢児とのかかわりを深める。
　→ お店屋さんごっこ

・ 場を共有することでかかわりをもち、思いやりの気持ちをもつ。
　→ 自ら選んだ活動、雪遊び。

・ 一緒に行なう行事で、かかわりながら思いやりの気持ちをもつ。
　→ 七夕まつり、お別れ会、もちつき、ひなまつり、豆まき、正月遊びなど

・ 一緒に活動したり小さい組の子達のためを思って活動し思いやりの気持ちをもつ。
　→ （3～5歳一緒の）園外保育、クッキング

・ 地域のお年寄りとふれあう活動を通して、お年寄りに親しみや感謝の気持ちをもったり、喜んでもらうことで満足感をもったりする。
　→ 特別養護老人ホーム　なの花荘の行事への参加。
　→ 園の畑指導を指導してもらいながら、一緒に苗植えをする。
　→ 園庭にあるゲートボール場でのふれあい。

2　町内小学校の特色ある接続（スタート）カリキュラム

(1)　三川町立横山小学校

三川町幼小連携スタートカリキュラム①【英語活動編】

＜　外国語活動年間授業計画　―１年生―　＞

期　日	テ　ー　マ	歌・チャンツ	フレーズ・活動内容	使用教材
4／26	The First Class	・Hello Song ・Goodbye Song	・Hello ・Hi! ・Bye!	・英会話体操 ・おはじき ・絵本
5／16	色（Colours）	・Rainbow	※Rainbowチャンツより ・Purple, orange, green, red… ※絵本より ・brown, white, black, gold	・英会話体操 ・フラッシュカード ・絵本
6／13	動物（Animals）	・ライオンじゃなくて	※絵本より ・bear, bird, horse, flog horse, cat, dog, sheep	・英会話体操 ・フラッシュカード ・カルタ
7／12	からだの部分（Body Parts）	・Head, Shoulders	・head, shouders, eyes ・What's this?	・英会話体操 ・絵本
9／12	あなたのおなまえは？（What's your name?）	・What's your name?	・What's your name? ・My name is …	・英会話体操 ・おはじき ・マイク
10／18	ハロウィン	・N／A	・Halloween Talk ・Game Cat, Black Cat ・Game Pin The Nose	・ハロウィン用具 ・かぼちゃボード ・絵本
11／1	英語で健康観察①	・N／A	・How are you? ・I'm good	・英会話体操 ・バスケットペンダント ・フラッシュカード
11／21	英語で健康観察②	・Head, Shoulders	・How are you? ・I'm good	・英会話体操 ・インタビューカード
12／13	クリスマス	・N／A	・Christmas Talk ・Make a Christmas Card for an ALT	・クリスマス用具 ・クリスマスミュージック
1／24	いろいろな形（Shapes）	・ライオンじゃなくて	・square, triangie, Circle, star, heart	・フラッシュカード（形、クイズ用）
2／6	食べ物の名前（Names of the food）	・N／A	・What's this ・It's～apple,pear, Oreange,plum strawberry	・英会話体操 ・おはじき ・フラッシュカード
3／7	1年生のまとめ	・N／A	※復習 ・色（Colours）， ・形（Shapes） ・動物、食べ物など	・英会話体操 ・フラッシュカード（色、形、動物、食べ物）

⑵　三川町立東郷小学校

三川町幼小連携スタートカリキュラム②【読書活動編】

<　読書活動・親子読書前期計画　―１年生―　>

<table>
<tr><th></th><th>４　　月</th><th>５　　月</th><th>６　月・７　月</th></tr>
<tr><td>親子読書</td><td>・オリエンテーション
（保護者との打ち合せ）</td><td>・読み聞かせ開始
（保護者より）
～２月まで
通常は木曜日の朝
７月、11月
～お楽しみ会

・空き時間での活用
（本読み、読み聞かせ）

・学級活動での事前指導</td><td>・読み聞かせについての
感想発表
（読み聞かせをして
くれた人へのお礼も）

・空き時間での活用
（本読み、読み聞かせ）</td></tr>
<tr><td>選本指導</td><td colspan="3">・親子読書　　２冊（１冊は自分用、２冊目は親子用）
～　絵本を中心に、図書室の絵本の棚、エリア、必読図書等から選んで借りる。
（絵本やひらがなで読める本を選ばせる）

・読み聞かせ　読み聞かせをしたり、兄弟姉妹に読んであげたり等の工夫もする。</td></tr>
<tr><td>図書活用</td><td>・図書貸し出しの
オリエンテーション
～　本の借り方
返し方
本の扱い方
代本板の使い方

・図書室に通って
図書室に慣れる
・裁量の時間で図書の時間を設ける
・貸し出し指導、
選本指導をする</td><td>・自分で貸し借りが
できるようにする

・図書室に通い慣れる
・図書の時間
（国語、裁量の時間）
・貸し出し指導、
選本指導をする</td><td>・進んで貸し借りが
できるようにする

・図書室に通い慣れる
・図書の時間
（国語、裁量の時間）
・貸し出し指導、
選本指導をする</td></tr>
<tr><td>国語関連</td><td colspan="3">・ひらがなの習得

～　本選びの幅を広げていく　→</td></tr>
</table>

⑶ 三川町立押切小学校

三川町幼小連携スタートカリキュラム③【給食指導編】

＜　給食指導前期計画　―１・２年生―　＞

＊　１，２学年目標

○「いただきます」「ごちそうさま」の意味を理解し、食品につながるいのちに感謝する。

○　いろいろな食べ物の名前がわかり、食べ物に興味・関心を持つ。

○　好き嫌いなく、いろいろな食品を食べることの大切さを知る。

特に１年生では
○自分で白衣を着る　○配膳をする　○自分で食べられる量を選ぶ ○時間内で食べる

<table>
<tr><th colspan="2"></th><th>４　月</th><th>５　月</th><th>６　月</th><th>７　月</th><th>８　月</th></tr>
<tr><td colspan="2">生活科</td><td></td><td>げんきにそだて（１年）
ぐんぐんのびろ（２年）</td><td>ぐんぐんのびろ（１年）
→</td><td>→
→</td><td>→
→</td></tr>
<tr><td colspan="2">道　徳</td><td></td><td>家族愛</td><td>生命尊重</td><td></td><td></td></tr>
<tr><td rowspan="6">特別活動</td><td>食育の日</td><td colspan="3">（食育の日にミニ指導）
○旬の食べ物について　○姿勢よく食べること　○よくかんで食べること</td><td colspan="2">○はしの使い方について　○三角食べについて</td></tr>
<tr><td>給食指導</td><td colspan="3">◎給食の約束や当番の仕事を覚えること
◎良い姿勢で食器を持ち交互に食べること
◎手洗いの習慣を身に付け、衛生に気を付けて配膳をすること</td><td colspan="2">◎正しい箸の持ち方を身に付け、正しい姿勢で食べること
◎食べ物や食事の大切さを知り、好き嫌いせず食べること</td></tr>
<tr><td>学級活動</td><td colspan="3">○給食の約束　○連休中の食生活
○朝ごはんについて
（生活リズムと関連させて）</td><td colspan="2">○夏の食生活
○飲み物で気を付けること</td></tr>
<tr><td>食文化</td><td>ふるさと給食</td><td>端午の節句献立</td><td>外国献立料理を味わう</td><td>七夕献立</td><td></td></tr>
<tr><td>特別献立</td><td>入学・進級お祝い献立
歯の日献立</td><td>バイキン給食</td><td>メーガン先生（ALT）のふるさと給食</td><td>暑さに負けない献立</td><td>夏バテ解消献立</td></tr>
<tr><td>学校行事</td><td>発育測定</td><td>マラソン大会
金峰春探し</td><td>運動会
相撲大会</td><td></td><td>水泳大会</td></tr>
<tr><td colspan="2">保護者地域との連携</td><td colspan="3">○給食だよりの発行
○食育だよりの発行
○交流給食
○たべもの教室</td><td colspan="2">○給食だよりの発行
○食育だよりの発行
○学校保健委員会
○給食試食会</td></tr>
</table>

3　モデル開発プロジェクトにおける幼・小の実践

(1)　みかわ幼稚園と東郷小学校の打ち合わせ会

趣旨
幼小接続スタートカリキュラムの作成にあたり、幼稚園で、どんなねらいでどんな活動をしてきたかを小学校の教員が聞き、小学校で考えている合科的な学習にどのように生かしたらよいか考える機会とするために行う。今日は3つの単元構想案があるので、情報の共有をしていく。

初めは、【小学校って楽しいね】について、この単元に関わっていそうで、幼稚園で取り組んでいる所についての情報交換

単元	みかわ幼稚園 みかわ幼稚園側の活動実態の説明	東郷小学校 小学校側の構想案の説明
小学校ってたのしいね	あいさつや返事はしっかりしてほしいと思っている。 あいさつは、保育者にはする。(対保育者）友達同士で行うのは（１～３月）に意識して取り組ませている。できたときにかっこいいねと称賛し、意欲を高める。	
	みんなと仲良く遊ぶについては遊び方にも段階があり、3歳児は友だちに興味をもつ、４歳児は集団で遊びをしようとする、５歳児は友だちとのかかわりを深め、お互いに認め合うなどを目標にしている。	
	絵本を通して、小学校のことを教えている。 小学校は勉強するとこと。グラウンドで遊んだり、小学校クイズとしてひらがなを出したり、時の勉強を簡単にしたりする。 ３月には小学校訪問を思い出しながら、子どもの思いを引き出しながら、小学校への期待感をもたせている。	
	給食は１月に試食を行い、体験している。	
	トイレは自動には流れないので、自分で流している。ペーパーの使い方やスリッパの揃え方も教えている。 掃除は汚れたときに行っている。拭くことは給食のテーブル拭きを当番制で行っている。年3回みんなで大掃除する機会がある。	
		年2回、学校訪問をするがその意図を教えてほしい。
	幼稚園とのちがいを見たり、小学校への憧れをもたせる。 6月に訪問する意図は、子どもが入学する学校を見る環境物的な訪問で、2月はあこがれの気持ちや心構えを体験する。	
		10月には、今年から2年生が保育園を訪問をする。人的は年3回になるので、系統づけていき、小学校の入学につなげていきたい。
		１年生の鉛筆書きでは、なぞり書き、線を書く、ぐるぐる書きを行う。幼稚園ではどんなことを？
	いろいろな書き方は取り上げて指導していない。力がない子は筆圧が弱く、宮河先生から、クレヨン・マジックなどでお絵かきをさせた方がよいとアドバイスを受けている。クラスでの自由時間に鉛筆で絵を描く機会はあるが、全員で活動する機会は、回数的にそんなに多くない。	
		下地があると小学校でもスムーズに行く。 経験させたいことがある。①靴箱に入れる習慣②着替えがある程度そろえてできる　家庭での意識なのか個人差がある。
		生活のレディネスを見ると、例えば運動では、逆さまになったことがない、鉄棒の前回りができないなど、保育園での生活面での経験値を知りたい。

小学校ってたのしいね	書くことについては、なぞり書きや薄い紙（トレーシングペーパーっぽい）を上に敷いてなぞったりするなど、大好きな遊びである。また、迷路遊びも人気がある。	
		いろいろな遊びを通して学んでいる。絵を描くことや鉛筆の持ち方はどうか？
	鉛筆の持ち方についてはその都度言葉かけをしたり手を添えたりして知らせている。鉛筆の持ち方は箸の持ち方につながっているので、箸の持ち方を教えている。鉛筆をもっているときの子どもの様子(熱中していたり、持ちだして間もない等）を見ながら教えている。 絵を描くことに個人差がある。	
		小学校では掃除のときに手拭いを結んだりするが？
	ひもの結び方は４歳児はリュックのひもを結ぶことを行っている。５歳児はリボン結びを教えている。	
		トイレの使い方はどうか？
	トイレの数は、洋式２和式２である。幼稚園でのトイレの使い方を見ると、和式は使わないで洋式を使う傾向が多い。 保護者によっては家庭に洋式のトイレしかないので、大型店に和式トイレの練習に行く家庭もあると聞いている。	
		男の子はおしりをだして、立っておしっこをする１年生もいる。他の子から言われるので、できるようにして入学した方がよい。
	保育園でも練習させ、家庭にも働きかけていく。	
	小学校のトイレの使い方は？	
		使わないときに電気を消す。(エコを教えている)
	園でも4歳頃から教えているが、できてはいないかも……。スイッチは分かるように電気マークを表示している。	
		洋式のトイレで、隣のトイレをのぞくこともある。(ふざけることする。はめを外しているのか）マナーを教える必要がある。
	幼稚園では副担任を中心に、誰かが見るようにしている。	
		給食についてはどうか？皮をむいたことがないという児童がいるが？
	バナナやミカンは園でも行っている。家庭ではいくらでもしてあげたいという気持ちをもっているようで、してもらうことが多いようだ。	
		りんごの皮がついているとを食べられない児童がいるが。
	幼稚園の給食でも、小学校と同じように給食に出し、食べている。	
		持ち方はどうか？
	園の研究で、正しいスプーンのもち方や箸のもち方を研究している。行き着くところは持てる指を作ることである。 各年齢で指導することをおさえて指導・援助を行っている。手指を使った運動を取り入れ、自分で選んで遊ぶ異年齢活動やクラス活動、学年活動取り入れている。	
		着がえについてはどうか？
	着がえは主に昼寝の時間に行っている。すばやく行う幼児もいるが、ついていないと着がえられない幼児もいる。	

次は、【春をみつけたよ】について、この単元に関わっていそうで、幼稚園で取り組んでいる所についての情報交換

単元	みかわ幼稚園	東郷小学校
春をみつけたよ	幼稚園にはパークランド（町が管理）が目の前にある。季節によっていろいろな草花がある。	
	その草花を使って、ままごと遊びをしている。また、草花に水をかけ、つぶして、色水を作る遊びも行っている。	
	近くに図鑑を置いておき、自分で名前を調べたり、担当の保育者と調べたり、できるだけ幼児の疑問に答えられるようにしている。	
		近くに自然があっていいですね。その他にどんな活動をしていますか？
	季節感を感じられる活動は大切にしている。 田んぼに行く。近くの公園に行ってヒメリンゴの木、通り道から見える庭の木の花をみつけたら、保育者が注目するように投げかける。 春先であると、ヨモギやふきのとうを採ってきて、今日採ってきたものを天ぷらにして給食に出すなど、身近な食材を幼児に提供している。 また、よもぎは団子作りをして異年齢児や職員にごちそうする活動も行っている。	
		公園はどんなところに行くの？
	対馬公園や袖東公園に行く。公園での過ごし方の約束として、トイレ・水飲み場・遊具の使い方を指導している。	小学校でも歌を歌いますが、どんな歌を歌いますか？
	「春の歌」や「つくし」「春の風」などを歌っている。もっとあるが…… 今年、外遊びや散歩に行ったとき、先生方に意識してもらっていることは、年間を通して自然に目を向けさせることである。 例えば、風の強さや、日光の温かさ、空気の温かさや冷たさ、鳥海山など山の雪、空を見上げての雲の形、なかよし農園での野菜の成長など、クラスみんなに気付きの目を育てるために、保育者が意図的に声かけを行っている。	その他に子どもたちが自然に触れ合っていること、楽しんでいることは？
	虫取り（ダンゴ虫・ゾウリムシ・こおろぎなど）や、カブトムシの幼虫を見たりしている。 秋探し遠足は大山公園に行く。どんぐりひろいを楽しんでいる。 愛宕神社にあるイチョウの葉ひろい。銀杏ひろい？ 対馬公園に散歩に行くと、椿の実を…… さつまいものつるを使ったリース作り	
	また、春だけでなく、園で飼っている金魚やコイ、カニ、メダカを見ていたり、カエルにはならなかったが、おたまじゃくしを見ていたり、自然に関わる経験を積ませている。	幼稚園でいろいろな経験をしている。野菜もいろいろなものを作っていると思う。小学校１年では今年、メロンやスイカを育てたいという願いから挑戦したが……
	幼稚園ではじゃがいも、さつまいも、ミニトマト、大根、大豆などを植えている。 畑は畑の先生から教えてもらいながら植えている。また、草取りや水かけもやってくれる。 収穫したじゃがいもを使ってカレーを作り、４・５歳児がお世話になった人を８月に招待して感謝の気持ちをつたえている。 さつまいもは、３・４・５歳児がスイートポテトづくりをして、みんなにごちそうする。 大豆は２月の豆まきに使い、年の数だけ食べる。など、日本の伝統や慣習も取り入れるようにしている。	
		小学校と幼稚園の違いは、お膳立てなく自分たちでしていくところかな？

	公園探検で小学校が行くところは？	
		天神堂公園や猪子公園。（お宮や神社）
	猪子公園はお寺の脇にあり、昔、保育園の散歩コースだったオナモミやアメリカセンタングサがあり、楽しむことができた。どんぐりの木も	
		学校では全校柿もぎがあり、さわして食べている。
	幼稚園でも異年齢で意図的に散歩をしたり、自分で選ぶ活動を仕組んだり、そこで思いやりや自主性を育てている。	
	かかわりができる働きかけ、つながるように保育者や教師が意図的に仕組むことは幼稚園では援助・小学校では支援としてレベルは違うがサポートしている。	

最後は、【あたらしい一年生がやってくるよ】について、この単元に関わっていそうで、幼稚園で取り組んでいる所についての情報交換

単元	みかわ幼稚園	東郷小学校
あたらしい一年生がやってくるよ		体育のならび方。順番並びをするとけんかしている。
		１－１列。２－２列。３列。いろいろなならび方がある。番号順、背の順など自分から動けるようにしている。
	幼稚園では、運動会のマスゲームの時に、背の順を教えているので、理解できると思う。２人組になって並んでいくことができる。 避難訓練やその他集合の時など、前に来た子から２列になったり、背の高さ順になったり、日々の保育の中で、機会をとらえて指導し並んでいる。	
		小学校では、それが遅れて出てくる子、また、人間関係が変わって順番を守らない子が出てくると考える。 幼稚園での異年齢交流では、５歳組ではどんな取り組みをしているか。
	自ら選んだ活動で、異年齢で一緒に遊ぶように設定している。また、園外保育に行くときや、お正月遊び・お別れ会・引きつぎ会・七夕まつりなどのイベントで実施している。 幼稚園の5歳児は、お店やごっこを行い宣伝用のポスターを作っている。対象は３．４歳児、先生方。 おもちゃ屋のお金と商品を作っている。 お店を開き、売り子になるので、「いらっしゃいませ。」「ありがとうございました。」などのあいさつ、言葉のやりとりを楽しんでいる。対応できない園児には、困った時に対応できるように副担任が近くでスタンバイしている。	
	活動では、安心して楽しく活動できるように、援助が大切である。小学校でもサポートが必要である。この援助が４．５月当初どのくらい、どのようにできるか大切になってくる。	

このような情報交換を通して、幼小での活動が系統的、かつ円滑につながる計画が立案できるようにし、小学校の学習指導案作成の参考にした。

⑵　みかわ幼稚園５歳組の実践　（第１回目の実践：６月27日）

１　研究主題

「心も体も元気な子どもを育む」

〜　楽しく食べながら、食事のマナーを身に付ける手立てを探る　〜

（正しい姿勢を保つための運動遊びの実践を通して）

２「心も体も元気な子ども」とは　（主題でねらう子ども像）

①　喜んで体を動かす子ども

②　楽しく食べる子ども

③　ぐっすり眠り、すっきり起きられる子ども

④　いろいろなことに、意欲的に取り組む子ども

３　具体的な視点

①　正しい姿勢を保つための運動遊びを日常の保育に取り入れる。

②　食事中の以外でも、話を聞くときの姿勢などにも意識させる。

③　昨年度まで行ってきた、スプーンや箸の持ち方も継続して進めていく。

４　実態と配慮点（特に姿勢について）

＜ぞう組＞

【実態】

・体育座りで話を聞いているとき足を伸ばしたり、あぐらをかいたりして、すぐに姿勢が崩れる子がいる。

・給食のとき背骨が曲がったり、肘をついて食べたり、足を広げたりして食べている子がいる。

【配慮点】

・その都度正しい姿勢に気付かせ、できたときは認めるようにする。

・給食では、正しい姿勢で食べることの大切さ、こぼさないで食べることのマナーを知らせる。

・姿勢に関する絵本を読んだり、正しい姿勢でいることが体にいいことをわかりやすく教えてやる。

＜らいおん組＞

【実態】

・体育座りをして聞くとき、初めのころは背骨が伸びているが、だんだん背中が丸まったり足が伸びたりする子が多い。椅子に座っているときは、足が開いたり、腕を背もたれに回したりする姿も見られる。

・食事の際は、皿を持たないで食べたり、肘をついたりする姿も見られる。
また、背もたれに寄り掛かる、テーブルと体が離れたまま座る、椅子の横から足が出る、片足を椅子の上で曲げて食べるなどの姿も見られる。

【配慮点】

・背中がまっすぐ伸びる子を紹介したり、背中が伸びていることを大いにほめたりして、周りの子への刺激になるようにする。

・その都度、一人一人に正しい姿勢で食べられるように言葉がけをしたり、正しい姿勢をしたときにほめたりして意識付けをする。

5　期のねらいと月のねらい

1）　6期（6月～9月）

＜発達の姿＞

・興味や関心のある遊びを十分楽しみながら自己発揮していく時期

＜ねらい＞

・いろいろな活動の中で、試したり工夫したりして遊ぶ。

・友達同士、考えやイメージを伝え合いながら遊ぶ。

2）　6月のねらい　①　自分なりのめあてを持って、遊びに取り組む。

②　いろいろな素材に触れて、試したり工夫したりする。

6　月のねらいに対する実態と配慮点

＜ぞう組＞

①についての【実態】

・雲梯、鉄棒などの運動遊びで、最後までできた子の刺激を受け、自分でもやってみようとするあきらめない姿が見られる。

・サッカーごっこでは、最初はボールの蹴り合いだけだったが、少しずつ上達して、簡単なルールで現在はチーム対抗での試合を楽しんでいる。

①についての【配慮点】

・雲梯の何本目までいけたかを知らせたり、鉄棒の補助をしたりして、意欲を高め、達成感が持てるようにしている。

・サッカーごっこでは、自分達でゲームを進められるように見守ったり必要なときに言葉がけをしている。

②についての【実態】

・砂遊びでは、砂、水に触れて温泉作りや川、山を作ったり、型抜きでプリンやアイスクリームなどを作ったりして、友達と楽しさを共有して遊んでいる。

・制作では、興味を引き付けられるような素材や材料を使って、自分なりに試したり工夫したりして楽しむ様子が見られる。

②についての【配慮点】

・保育者もいっしょになって砂遊びを楽しんだり、イメージを持って作られるように様子を見守ったり言葉がけをしたりして、より知的好奇心が高まるように配慮する。

＜らいおん組＞

①についての【実態】

・グラウンドマラソンでは「○君に追いつきたい！」「○位になりたい！」と日々楽しみにしながら一生懸命取り組んでいる。

・雲梯や鉄棒では「○まで進むぞ！」「逆上がりの特訓だ！」など友達の姿に刺激を受けながら、一人一人めあてを持って取り組んでいる。

①についての【配慮点】

・がんばろうとする姿を応援したり、がんばりを大いに認めたり、周りの子に知らせたりして、達成感が持てるようにしている。

・進んだ数を知らせたり、もう少しでできそうだったことを伝えたりして、くり返し挑戦する気持ちが持てるようにしている。

②についての【実態】

・砂遊びでは、砂や水に触れ、はだしで遊んでいる。スコップやバケツを使い、友達と温泉や山などを作って遊んでいる。

・色水遊びでは、いろいろな草花をすり鉢やおろし器でこすったり、手でもんだりして色を出し、ペットボトルやコップに入れて、ジュースやお茶に見立てて、友達と一緒に遊んでいる。

③についての【配慮点】

・友達と一緒に遊べるように仲立ちをする。乾いた砂、濡れた砂の違いに気付いたり、自分達で考えたことをやってみるよう仲立ちする。

・色の出やすい草花や、出た色が混ざったときの発見に共感し、遊びが広がるように働きかける。

7　山形県教育委員会のめざす「自主性と思いやり」について

1)　自主性を育む視点からの配慮点

○　季節に応じて咲く草花を話題にしたり、教材に取り入れたりして、実際の遊びの場で調べられるよう手の届くところに図鑑や絵本を置いたり、草花を花瓶に飾ったりする。

○　虫捕まえをしたり、小動物を見つけたりしたときに、自分達で飼育、観察したりできるように、必要な道具を準備し、昆虫の様子を継続して観察できるように働きかける。

○　好きな遊びに夢中になって取り組めるように、環境構成（場の設定）の必要に応じて援助したり、いろいろな用具を準備したりする。

○　衣服が汚れたときや食べ物をこぼしたときなど、自分で考えて着替えたり、拾ったりできるように見守り、自分でできるように支援する。

2)　思いやりを育む視点からの配慮点

○　小動物の世話や、花壇や畑の水やりを通して、生き物を大切にする気持ちを持たせ、 小さな命の存在に目を向けたりできるようにする。

○　困っている友達に声をかけたり、自分より小さい友達の面倒を見たりできるように、保育者がモデルになったり仲立ちになったりする。

○　遊具や遊び場で順番を守って遊んだり、譲り合って遊べたりするように、相手の気持ちに気付くよう働きかける。

○　幼稚園に来た方や老人クラブのお年寄りなどにあいさつをしたり、会話ができたりするような雰囲気づくりをする。

○　様々な感情を表現したり、考えたりできるような場を設けるようにしている。帰りの会などで、やさしくしてもらったことを発表する場を設定する。

3）　幼稚園の５領域から小学校生活科へのつながり

☀　自ら選んだ活動	幼稚園の領域	小学校の教科等
○　色水遊び ○　砂遊び	「表現」…造形的表現 (5)　いろいろな素材に親しみ工夫して遊ぶ。 (7)　描いたり、つくったりすることを楽しみ、遊びに使ったり飾ったりする。 「人間関係」 (5)　友達と積極的にかかわりながら喜びや悲しみを共感し合う。 (7)　友達の良さに気付き、一緒に活動する楽しさを味わう。 (8)　友達と楽しく活動する中で、共通の目的を見出し、工夫したり、協力したりする。	「図画工作」Ａ表現（１） ア、身近な自然物や人工の材料の形や色などを基に作ること。 イ、感覚や気持を生かしながら楽しく作ること。 ウ、並べたり、つないだりして、体全体を働かせて作ること。 Ａ表現（２） ア、感じたことや想像したことを表すこと。 イ、好きな色を選んだり、いろいろな形を作って表すこと。 ウ、身近な材料や用具を使って表すこと。
○　運動遊び （サッカーごっこ、鉄棒や雲梯を使った遊び）	「健康」 (2)　いろいろな遊びの中で、十分に体を動かす。 (3)　進んで戸外で遊ぶ。	「体育」 Ｅゲーム ア、ボールゲームでは、簡単なボール操作やボールを持たないときの動きによって的に当てるゲームや攻めと守りのあるゲームをすること。 Ｂ器械・器具を使った運動遊び ア、固定施設を使った運動遊びでは、登り下り、渡り歩きや跳び降りをすること。 ウ、鉄棒を使った運動遊びでは支持して上がり下り、ぶら下がりや易しい回転をすること。

8　当日の指導案

＜ねらい＞

○　自分の思いを出しながら、友達と一緒に試したり工夫したりして遊ぶ。

○　新しい運動遊びに期待を持ち、運動遊びを楽しむ。

時　刻	予想される子どもの活動（遊び）	環境構成	保育者の援助（◇研究との関連、★幼小のつながりの視点）
8：30 9：10	＜登園＞ ・２クラス交流して保育室で好きな遊びをする。 （踊り、積み木、笹飾り作り等） ・後片付けをする。 ＜クラス交代でトイレに行く＞	［朝の遊び］ 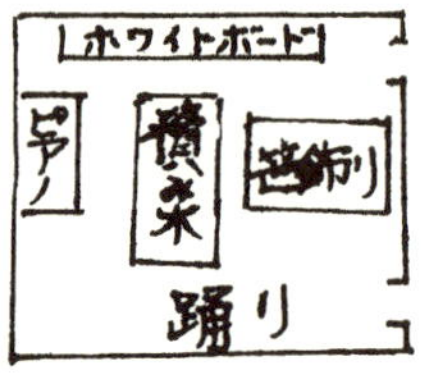	・明るくあいさつを交わしながら体調など健康状態を把握する。 ・友達とかかわって遊ぶことができるように、仲立ちをする。 ・協力して片付けができるように声がけしたり、がんばっている姿を認めたりする。
9：35	＜☀自ら選んだ活動＞ ①色水遊び ・お茶作り、ジュース作りなど ②砂遊び ・温泉作り、川・山作り、型抜きを使ってデザート作り、草花を飾ってのごちそう作り ③サッカーごっこ ・チーム対抗での試合 ④鉄棒を使った遊び ・前回り、地球回り、ブタの丸焼き、こうもりの昼寝など ⑤雲梯を使った遊び ・前向き、後ろ向き、１つとばし、横進みなど		・今日の活動について知らせ、意欲や期待を持って取り組めるように声がけする。 ①色水遊び　②砂遊び ★（幼）「表現」領域 →（小）図工「造形表現」 ③④⑤運動遊び ★（幼）「健康」領域 →（小）「ゲーム」、「器械・器具を使っての運動遊び」
10：40 11：00 11：50 12：15	＜後片付けをして保育室に入る＞ ・手洗い、うがい、着替え ＜クラス活動＞ ・リズム運動の動き「かめ・うさぎ、二人ボート、・手押し車」をする。 ・サーキット遊び「①ゴムひもくぐり、②ラッコ歩き、③くま片足歩き、④果物タッチ歩き、⑤くまさん歩き、⑥アザラシ歩き」をする。 ＜給食＞ ・「いただきます」のあいさつをして食べる。 ・「ごちそうさま」のあいさつをして食器を片付ける。 ＜読み聞かせ＞ ・絵本「アフリカ」を見る。	［クラス活動］ ★保育者 ○子ども （ぞう組） 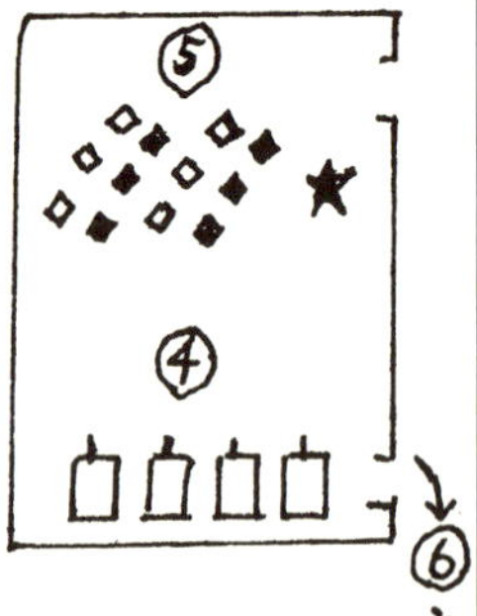 （らいおん組） 	・次回遊ぶことに期待が持てるように言葉がけしながら片付ける。 ・準備運動として、リズム運動をすることを知らせ、体も心もほぐせるようにする。 ◇新しくする動きは、やって見せながらポイントとなるところを知らせ、真似させる。背骨の筋肉をたくさん使って運動すると背中が伸びやすくなることを知らせる。 ◇背骨を伸ばすことや肘をつかないこと、食器を持って食べることを意識させる。 ・絵本の読み聞かせで、ゆったりした気持ちで午睡に入れるようにする。

12：45 14：40 15：00	＜午睡＞ ・起きる ・着替え、用便、手洗い、 　うがい ＜おやつ＞ ・「いただきます」をする。 ・「ごちそうさま」をする。 ・食器や椅子を片付けうがいをする。 ＜帰りの会＞ ・１日の活動を振り返る。 ＜降園＞	［帰りの会］ 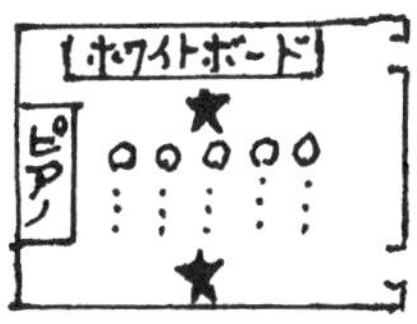	・当番活動がスムーズにいくように見守る。 ・遅くなりがちな子には、急げるような言葉がけをする。 ・今日の活動について振り返る時間を設け、明日の活動について知らせ、期待が持てるようにする。

⑶　みかわ幼稚園５歳組の実践　（第２回目の実践：10月22日）

１　期のねらいと月のねらい

1）　７期（９月～12月）

＜発達の姿＞

・友達関係を深めながら、見通しやめあてを持って活動していく時期

＜ ねらい ＞

・自分なりの見通しやめあてを持って、遊びに取り組む。

・友達と遊びの中で、役割を分担したり協力したりして遊びを進める。

2）　10月のねらい

①　秋の自然に触れながら、戸外で体を動かして遊ぶ。

②　友達とのかかわりを深めながら、お互いの考えや思いを出し合って遊ぶ。

２　月のねらいに対する実態と配慮点

＜ ぞう組・らいおん組共通 ＞

①についての【 実態 】

・パークランドに落ちているドングリと遠足で「大山公園」に行ったときに拾ったドングリの大きさや形の違いに気付き、図鑑や絵本を広げて見比べたり、名前を調べたりして興味や関心を持ち、遊びにも取り入れる姿が見られる。

・草花摘みでは、名前が分からない草花を図鑑で調べて友達に教えたり広告紙に包んで家に持ち帰ったりして、大切にしている様子が見られる。

・田んぼに行き、稲や雲の形を見たり、空気を感じたりして、秋の自然に親しむ様子が見られる。

・コオロギやイナゴ、バッタ、カエルなどを見つけると、観察したり捕まえたりして、小動物に親しむ姿が見られる。

①についての【配慮点】

・秋ならではの色付いた葉やドングリなどの木の実を積極的に保育室に持ち込み、手を伸ばしたところにすぐ使うことができるような環境作りを行い、知的好奇

心が高められるようにする。

・拾った自然物（ドングリ、松ボックリ、木の枝、葉っぱ、木の実など）を使い、クラス活動に自然物を使った制作活動を取り入れたり、お店屋さんごっこの品物にしたり、サツマイモのつるはリース作りにもしたりして、子ども達が作ることを楽しめるような遊びを設定する。

・捕まえた虫をいつまでも虫かごに入れている子が見られるので、小さい虫にも大切な命があることを知らせ、捕まえた虫をどうするか、一緒に考える機会を設ける。

①についての【実態】

・４月から続けているサッカー遊びでは、チーム対抗で試合をしても仲間の声を聞かずに自分だけで進めたり、勝手にルールを決めたりしている子が見られたが、回数を重ねていくことで自分のことだけでなく、友達の意見も聞き入れるようになってきた。チームで力を合わせることや友達を思いやる、応援する、友達の良さを認めるなどの心の育ちも見られるようになってきた。

・集団遊びでは、仲間を集めるために友達を誘ったり、ルールを確認したりして自分達で進めることができるようになってきている。

②についての【配慮点】

・サッカーの仕方、ルールもずい分わかってきているので、自主的に取り組む様子を見届けてやる。

・自分達が興味を持った遊びでは、子ども同士が考えを出し合い、工夫した遊びを進めていけるように、子ども達の思いを引き出しながら、より楽しい遊びができるように仲立ちしていく。

３　当日の指導案

＜ねらい＞

○　身近な自然物を使って、自分なりに工夫して作ったり遊んだりすることを楽しむ。

＜幼小におけるねらいと学習内容・活動のつながり＞

幼稚園（幼稚園教育要領）		小学校（学習指導要領）
＜環境＞ (1)　自然に触れて生活し、その大きさ、美しさ、不思議さなどに気付く。 (2)　自然などの身近な事象に関心を持ち、取り入れて遊ぶ。	⇒	＜生活科＞ (5)　身近な自然を観察したり、季節や地域の行事にかかわる活動を行ったりして、四季の変化や季節によって生活の様子が変わることに気付き、自分たちの生活を工夫したり楽しくしたりできるようにする。 (6)　身近な自然を利用したり、身近にある物を使ったりして、遊びや遊びに使う物を工夫してつくり、その面白さや自然の不思議さに気付き、みんなで遊びを楽しむことができるようにする。

＜表現＞		＜図画工作科＞
(1)　生活の中で様々な音、色、手触り、動きなどに気付いたり、感じたりして楽しむ。 (2)　かいたり、つくったりすることを楽しみ遊びに使ったり、飾ったりする。	⇒	(1)　身近な自然物や人工の材料の形や色などを基に思い付いて作る。

＜本時で期待する子ども経験（活動の姿）＞

これまでの経験		本時の経験		小学校での経験
・マツボックリけん玉遊び ・葉っぱのフロッタージュ ・葉っぱを使った表現遊び ・木の実の転がし遊び ・お店屋さんの品物作り（ペンダント、首飾りなど） ・サツマイモのリース作り	⇒	・空き箱に枝を貼り付けて、迷路遊び ・木の実を使って、パラシュート遊び （ドングリ、マツボックリで）	⇒	・朝顔を育てた後に、秋にツルを使ってリース作り ・秋探しで、マツボックリを拾い、クリスマスツリーに飾り付け ・秋に見つけた物を袋に付けてファッションショー

＜本時の流れ＞

時　間	予想される子どもの活動	環境構成	保育者の援助
9：35 10：40	＜☀自ら選んだ活動＞ ①　草花摘み、虫捕まえ ②　サッカー遊び ③　固定施設遊び ・後片付け		・今日の活動を確かめ、意欲を高める。 ①　図鑑を用意し、関心が持てるようにする ②　ルールを守って遊べるようにする。 ③　補助をしたり、できばえをほめたりして意欲的に取り組めるようにする。
11：00 11：35	＜クラス活動＞ ・前日の制作の続きをする ・自然物を使った制作をする ①　空き箱に水性ペンで、好きな絵を描く（迷路遊びをする） ②　牛乳パックの中に仕切りを作る（ドングリけん玉） ③　木の実を使ったパラシュートを作る（パラシュート遊び） ・できあがった子から、制作物を使って遊ぶ。	（保育室） 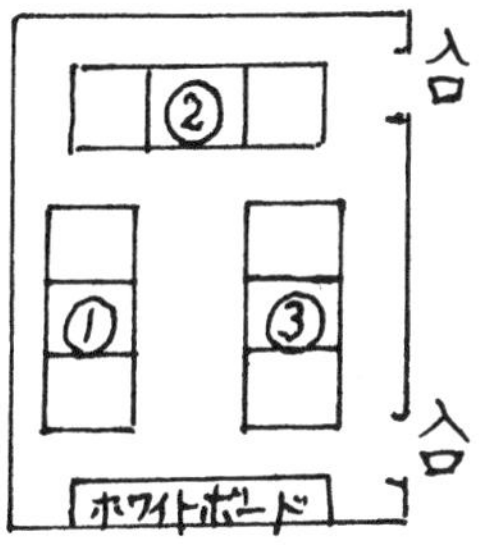 	・前日までの制作を思い出しながら、今日の制作への意欲付けをする。 ①　水性ペンの使い方を知らせ、思い思いに好きな絵を描き、出来上がりに期待が持てるようにする。 ②　仕切りの付け方の見本を用意し、分りやすくするとともに、必要に応じて手伝ったりする。 ③　パラシュートになるビニールがどんな風に開くか期待を持たせるとともに、落ち方の違いも楽しませる。 ・できた３つの制作物を、自分なりに遊んだり、友達と見せ合ったりする。

4　事後研修会より

1）　5歳組クラス活動「自然物を使った制作」の実践を振り返って

○　自主性の見取りと環境構成の工夫について（ 保育者の援助も含む ）

①　子どもが期待する制作活動の提示
～子ども達のこれまでの経験や、作ってみたいという子どもの思いを生かして～
↓
<　子ども達が期待する3つの活動の提示があった　>
・1つ目　～　拾ってきた小枝を空き箱に貼り付け、迷路を作って、ドングリを転がす遊びをする物
・2つ目　～　牛乳パックの中に4つの仕切りを付け、けん玉遊びができる物
・3つ目　～　ひもに木の実を付けたパラシュートを作って飛ばして遊ぶ物

②　自分の発想や個性を生かした制作活動
～同じ制作物でも、素材選びや自分なりのイメージ、発想を大事にした支援～
↓
<創作面だけでなく、技能面でも自分の力でやり遂げさせる支援があった>
・迷路作りで　～　自分の好きな色やキャラクターを描いてより楽しい物が作れるように援助
・けん玉作りで　～　4つの仕切りを作る技能を手助けしながら、自分の力で仕上げられるような援助
・パラシュート作り　～　傘の大きさやひもの長さ、傘のデザインを工夫させるような援助

○　思いやりの見取りと環境構成の工夫について（保育者の援助を含む）

①　制作活動を通しての手伝いや教え合い
～　アイディアの学び合いや、技能面で難しいところでの手助けや教え合いがあった。
・友達の作ろうとする作品を参考にしていた。
・工夫するヒントをアドバイスしていた。
・1つできたら、残りの2つの制作に期待を持たせていた。

②　制作した物を使っての遊びを通した思いやる活動
・自分達で作った物での遊びを通して、友達とのかかわりが増え豊かになった。
・友達の作った物を借りて、その遊びの楽しさを分かち合っていた。
・友達の、制作物固有の遊びの楽しさに共感していた。
～　1人からみんなへと遊びが広がって、クラス全体が盛り上がった遊びになった。

2）　成果と今後の展望

<研修を通しての成果>

◇　自主性の視点から

・制作活動が楽しくなるような素材を集めたことで、制作意欲につながっていた。
・自分の発想を大事にしながら、自分の力で完成させようとする姿が見られた。

◇　思いやりの視点から

・友達から作り方を教えてもらったり、アイディアを参考にし合ったりしていた。
・友達の作った物を交換しながら遊び、それぞれの遊びの楽しさを共有していた。

◇　保育者の援助・環境構成の面から

・季節に合った身近な素材の提供で、興味・関心を持たせることができた。

・友達の作品や遊びの良さを認める言葉がけで、子ども達の活動意欲が高まった。

◇　子どもの様子や意識の変容の面から

・４歳での経験を生かし、自分達の作りたい物を自分達で決める力が付いてきた。

・友達の作った物や遊び方の良さを認め合いながら、遊びのかかわり方が深まった。

◇　小学校の生活科へのつながりの視点から

・自分の力でやろうとすることは、生活科の自立の基礎につながっていく。

・身近な自然物を使うことによって、意味ある気付きや遊びの工夫が期待できる。

＜幼・小の円滑な接続における今後の展望＞

◇　ねらいの接続性

・幼稚園教育要領から学習指導要領のねらいのつながりを意識していくこと。

◇　内容の接続性

・地域の様子や自然物の資源は共通するので、素材活用の高まりが期待できる。

⑷　三川町立東郷小学校　第１学年　生活科学習指導案

平成26年５月14日

１　単元名　「いちねんせいになったよ」

２　単元の目標

○学校やその周りの自然、人々、施設等に関心を持ち、楽しく学校生活を送ろうとする。【生活への関心・意欲・態度】

○自分が見たり聞いたりしたことを絵や言葉に表し、友だちや先生や家の人に伝えようとする。【活動や体験についての思考・表現】

○学校にはいろいろな施設や自然があり、自分のお世話をしてくれる上級生や先生、学校生活を支えてくれる人々がいることがわかる。

【身近な環境や自分についての気付き】

３　児童の実態（男子７名、女子８名、計15名）

・保育園から２名、幼稚園から13名一緒に入学している。10月のみかわ幼稚園５歳組訪問や１月の就学児体験入学などで、２年生の児童と交流したり学校内の施設を見学したりして、上級生や教室の場所についてはある程度知っている様子である。入学して１か月以上経ち、新しい環境の中で緊張や不安を抱えながらも上級生や友達と関わりながら、少しずつ学校生活に慣れてきている。休み時間に上級生や友達と遊ぶことをとても楽しみにして、外や体育館で元気に走っている姿も見られる。日直や給食、清掃などの当番活動にも進んで取り組み、自分の役割をきちんと果たそうとする意欲も見られる。場面緘黙傾向の児童が一人いるが、周りの友達や上級生に助けられながら、当番活動に参加している。

4　指導にあたって

・これまでは教科という意識がなかったので、接続期の今、楽しい活動を計画し、時間を弾力的に使いながら学習を進めて小学校の生活に慣れさせていきたい。一人一人の活動と一斉型の活動との区別も少しずつ意識させながら、45分の学習につなげていくようにしたい。子どもたちが就学前教育で培ってきた力を発揮し、自分の生活のことを自分たちでする活躍の場を増やすことで、１年生になって小学校の一員となったことを実感させていきたい。

5　大切にしたい活動（東郷小学校の重点と関わって）

○あいさつ、返事、会話を通してほかの人と関わる活動。

○学校のきまりを理解し、きまりを守ることで気持ちの良い生活ができること。

6　構想（自主性を育てる手立て・思いやりを育てる手立て）

○自～自分で行動したり選択したりする場面を作り、自分の考えで行動させる。

○思～他の人との関わりの場面では、あいさつの仕方や話し方で、相手のことを考えさせる。

○思～学校のものはみんなで使うことを気付かせ、譲り合って使うことを約束させる。

7　単元計画

テーマ学習「小学校って、たのしいね！『いちねんせいになったよ』」

生活科を核とし、教科の関連を組み入れた合科的な学習

（33時間扱い　本時：生活科８時間目）

（生活科14時間　国語12時間　図工３時間　特別活動２時間　体育３時間）

生活科

国語
「みんなと楽しく」
「絵と言葉で
書きましょう」

図画工作
「すきなものなあに」
好きな場所を描く

学校探検Ⅰ　学校巡り体験→忍者になって探検ゲーム
学校探検Ⅱ　友達と好きな場所、遊べる場所探し
学校探検Ⅲ　お気に入りの人・モノ・場所をもっと見つけよう

学級活動
「がっこうのルール」
「校舎の使い方」
「給食」「清掃」

体育
「固定遊具遊び」
「体ほぐし」「リレー」

8　本時の学習

1)　ねらい

・学校探検で見つけたり気付いたりしたことを、友だちや先生に知らせ、もう一度探検したいところやお気に入りの場所、感想などを発表することができる。

2)　評価規準

・学校の施設やそこで働く人々に関心を持ち、発見したことや気付いたことを伝え合って関わりを深めようとしている。　【関心・意欲・態度】

・学校のお気に入りの場所や、関わった人について言葉や動作で伝えようとしている。　【思考・表現】

・学校探検を通して、学校で働く人々や上級生などの存在に気付き、関わりや自分への支援に気付いている。　【気付き】

3)　展　開

時間	学習活動・内容	○指導上の留意点　☆支援　※見取りの視点
	わたしの　はっけんを　しょうかいします。	
5	1「あくしゅ大さくせん」で、名前を教えてもらった人を発表する。 ・なかよし班の４年生の名前を覚えた。 ・３年生がたくさん名前を書いてくれたよ。	○書いてもらったサインを見ながら、握手した上級生を思い出させる。 ☆発表に詰まった児童には、電子黒板で写真を見ながら思い出させたり、友達の助言をもらったりして思い出させる。 ※「あくしゅ大さくせん」で、関わった人を発表しようとしていたか。　（行動・発言）
10	2「あくしゅ大さくせん」で、名前を教えてもらった先生を発表する。 ・校長先生の名前がわかったよ。 ・６年生の先生の名前を教えてもらったよ。	○クイズ形式で答えを発表させることで活動に変化を持たせ、集中を持続させる。 ※いろいろな場所にそれぞれの役割の先生方がいることを理解しようとしていたか。 （行動・発言）
40	3 学校探検で発見したことをクイズにして発表する。 ・どれをクイズに出そうかな。 ・これはなんでしょう。 例…（ＡＥＤ）（月の模型）（まないた）（マレット） ①どこにあったか。 ②何を見つけたか。 ③感想や自分の考え。	○前時までまとめた絵やプリント、実物を見ながら、班ごとに相談してクイズを作る。 ※班の中で、自分の思いや考えを伝えようとしていたか。　（行動・発言） ○発見したことをクイズにして発表する。 ※学校探検での気付きを思い思いの方法で伝えようとしていたか。 （絵・カード・写真・サイン） ※自分の思いや感想を、工夫して発表していたか。　（思考・表現） ※自分の知らないことに興味を持ち、友達の話に耳を傾けて、共感したりコメントをしたりしているか。　（行動・発言）

	4 友達の発表を聞いて、もう一度行ってみたい場所と、その理由を発表する。	○積極的に挙手している児童に発表させるが、つぶやきや共感の言葉も取り上げていく。 ○少数意見にも共感し、目の付け所の良さやオリジナリティーなどを評価していく。
	・パソコン室に行ってみたいな。 ・校長室に立派なイスがあったよ。 ・図工室の道具を見てみたい。	☆行きたい場所が決められない児童には、掲示してある地図や自分の絵などを参考にして考えさせる。 ※もう一度行ってみたい場所について、進んで発表しようとしていたか。 （関心・意欲・態度）
44	6 次時の学習内容を知る。	○次の時間は、行きたい場所ごとにグループを作り、詳しく見てくることを知らせる。 ☆行きたい場所ごとに手を挙げさせ、意欲化を図る。

東郷小学校　生活科授業

＜資　料＞

生活科の単元目標

・友達や先生に親しみを持ち、学校施設に進んでかかわることができるようにする。（関心・意欲）

・友達や先生、学校の施設などに進んでかかわり、自分の思いや願いを実現させるために自分なりに追求し、表現できるようにする。（思考・表現）

・学校には、自分を支えてくれる先生や友達がいて、学校の施設や設備があることを気付くことができるようにする。（気付き）

主な評価項目

・進んでゲームに参加し楽しく活動できたか（行動観察・つぶやき）

・発見したことをみんなに伝えようとしているか（行動観察・つぶやき）

・遊具やいろいろな施設にかかわることを通して、それらの関心が高まったか（行動観察・つぶやき）

・グループで力を合わせて、積極的な探検活動ができたか（観察行動・つぶやき）

・カードに自分の探検したことの中からみんなに知らせたいことを絵や文で書けたか（作品）

座席表

教卓　　　　黒板

昨年度まで積み上げ

①小学校第１学年前期スタートカリキュラム（東郷案）

従来の１年生１学期の前期総時数329時間

新１年生総時数＝スタートカリキュラム時数92時間＋従来の授業時間数237時間

適応授業時数42時間＋テーマ別合科学習50時間

適応Ⅰ（学習）国語　算数を30分にして45回
適応Ⅱ（生活）学活　30分にして×９回
適応Ⅲ（仲間）国語　音楽30分×９回　ソーシャルスキル的

生活科を核とし、教科の関連を組み入れた合科的な学習

②みかわ幼稚園と東郷小の打ち合わせより（昨年度の情報交換会より）

㊐挨拶は保育者にはする。友達同士でも意識的に取り組んでいる。できた時は称賛している。

㊐遊びに関して、友達とのかかわりを深め、お互いに認め合う等を目標にしている。

㊐なぞり書きや薄い紙を敷いてなぞるなどが大好きな遊びである。

㊐鉛筆・箸の持ち方を教えている。ひも結びはリボン結びを教えている。

㊐トイレは洋式より和式を使う傾向が多い。

㊫お尻を出して立っておしっこをする児童は１年生の初期だけである。

㊫鉄棒や逆立ちなど逆さまになった経験が少ない。靴箱に入れる習慣や着替えに個人差がある。

⑸　三川町立横山小学校　第１学年　生活科学習指導案

平成28年６月21日

１　単元名　　さあ　みんなででかけよう
　　小単元　　たのしかったことをつたえよう

２　幼小におけるねらいと学習内容・活動内容のつながり

幼　稚　園

主に＜環境＞領域で
「身近な自然・動植物とのかかわり」
○身近な動植物に親しみを持ち、生命の尊さに気付き、いたわる。
「身近なもの・情報とのかかわり」
○生活の中で、様々なものに触れ、その性質や仕組みに興味・関心を持つ。
○生活に関係の深い情報や施設などに興味・関心を持つ。

主に＜表現＞の領域で
「言葉による表現」
○先生や友達の言葉や話に興味・関心を持ち、聞く・話す。
○話を注意して聞き、相手にわかるように話す。
「感動的表現」
○生活の中で、音・色・形・匂い・手触りなどに気付いたり感じたりする。

⇨

小　学　校

主に＜生活科＞で
「安全に気を付けて遊び場に出かけていき、友達と遊びながら、人や自然と楽しくふれあうことができる」
○遊び場で楽しく遊んだり、探検したりする。
「遊び場やその行き帰りに見つけたものや遊んだことを自分なりの方法で表現し、相手に伝えることができる」
○楽しかったことの報告会のじゅんびをする。

３　単元の目標

安全に気を付けて、遊び場や野原に出かけて行き、みんなで遊びながら、人や自然と触れ合うことができる。また、春の季節を感じることができる。

〔小単元の目標：遊び場やその行き帰りに見つけたものや遊んだことを自分なりの方法で表現し、相手に伝えることができる。〕

４　評価規準

○自分が見つけたものや遊んだことを、分かり易く相手に伝えようとしている。
【生活への関心・意欲・態度】

○見つけたことや遊んだこと、楽しかったことなどを自分なりの方法で伝えている。
【活動や体験についての思考・表現】

○見つけたことや遊んだことなどを紹介し合う活動の中で、自分や友達の良さに気

付いている。　【身近な環境や自分についての気付き】

5　指導にあたって

1）　児童について　男子14名　女子16名　計30名　（内男子１名は特別支援学級在籍）

・入学して２か月が経過し、学校生活にすっかり慣れてきて、のびのびと学校生活を送っている。休み時間は教室を出て、外や体育館で思い切り遊んでいる児童が多い。また、男女仲良く一緒に遊ぶことも多い。

・いろんなことに興味を持ち、積極的に向かう意欲がある。また、学校生活の流れや約束などについて理解し、自分たちで進んで行動しようと頑張ることができる。

・生活科は大好きで、２年生と一緒の学校探検や朝顔の種まきや世話も、興味を持って楽しくで行っている。継続して取り組んでいける児童と声をかけなければ行えない児童もいるが、お互いに声をかけ合う姿も見られる。

2）　単元について

生活科の時間の中で、子どもたちが歩いて行くことができる地区（学校周辺の地区）には、遊具などが設置されている公園が３つある。しかし、どれも、30名の子どもが十分に遊べるような規模ではない。また、いろいろ遊びを工夫したり、自然と楽しく触れ合えるような環境ではない。しかし、それぞれの地区の中に神社や自然の遊び場があり、公園とは違う楽しさも発見できる。また、大きな木や木の実がなる木が植えている場所を知っている子もおり、継続的に自然の様子も観察できる。このような環境を生かして、３つのグループに分かれ、それぞれの地区で遊ぶ楽しさに改めて気付かせることができるとともに、友達へ紹介したい意欲へもつなげていくことができる活動になると考える。

3）　本時の指導にあたって

・自分たちの経験したことを「伝えたい」と思える活動にしたい。住んでいる地区のことで知っていることが児童からたくさん出てくるように、事前のグループの話し合いに担任も関わりながら、出かける楽しさを膨らませていきたい。また、「どこに行く？」そして「なにがある？」や「どんなふうに遊ぶの？」等の質問しながら、活動について、目的意識を持つことができるように支援していきたい。

一人ひとりが楽しんで活動することが、「友だちにも教えたい」「今度は一緒に遊びたい」という意欲の原動力となると考え、遊びの時間を大切にしていきたい。

・毎日の学校生活の中で係や日直の活動を行っている。日直については、初めは二人組で行っていたが、一巡してからは一人で日直を務めていることで、みんなの前で話をすることに、少しずつ慣れてきている。また、国語科での音読発表（３人組で、役割を決めてお話をすることを経験）を行った時は、みんなの前で改めて「発表」することに対して、照れはあったものの意欲はとても感じられた。さらに、聞く側の児童が友だちの発表を温かい雰囲気で、興味をもって聞き、笑顔いっぱいに活動することができた。それらの経験を活かし、「伝えたいことや伝え方」を選び、楽しい報告会への意欲を持たせていくことができると考える。

6　単元計画（10時間）

小単元	時数	ねらい（目標）	主な学習内容【評価規準】
さあみんなででかけよう	3	身近な遊ぶ場やそこでした遊びを紹介しながら、遊び場に行く意欲を持つことができる。	1　遊び場に行ったことやそこで遊んだ経験を発表し合う。【関】 2　グループを作り、どこでどんな遊びをするか話し合う。【気】 3　遊び場で遊ぶためのルールについて考える。【思】
みんなのあそびばでたのしもう	3	安全に気を付けて遊び場に出かけていき、友だちと遊びながら、人と自然と楽しく触れ合うことができる。	1　友だちと仲良く係わりながら、自然に親しんだり、活動したりしようとしている。【関】 2　遊具や自然を生かし、工夫して遊ぶことができる。【思】 3　登下校で歩いている道の植物や生き物などについて発見したり、新たに気付いたりすることができる。【気】
たのしかったことをつたえよう	4	遊び場やその行き帰りに見つけたものや遊んだことを自分なりの方法で表現し、相手に伝えることができる。	1　自分が見つけたものや遊んだことを、わかりやすく相手に伝えようとしている。 2　見つけたことやあそんだこと、楽しかったことなどを自分なりの方法で伝えている。 3　見つけたことや遊んだことなどを紹介し合う活動の中で、友だちの友達の良いところを見つけることができる。

横山小学校　生活科授業

7　本時の指導（８／10）

本時の目標：みんなに伝えるための自分なりの方法を考え、報告会の準備をすることができる。

1)　指導過程

段階 時間	学習活動	（○）主な発問　（●）指示 （・）予想される児童の反応	（◎）指導上の留意点 （□）評価
つかむ5分	1　本時の流れとめあてを確認する。	●今日は、報告会に向けての準備をします。 ●みんなに、「どんなこと」を「どんなふうに」報告するか考えました。今日は、その準備をします。	◎報告の仕方（個人またはグループ）によって分かれて座らせておく。 ◎前時に考えた方法を思い出すために、個々に書いたカードを用意する。
	わかりやすくほうこくできるように、じゅんびをしよう。		□カードをみながら、自分のやり方を思い出すことができる。【関】
学び合う37分	2　報告会の準備をする。	●みんなに説明するために必要なものを準備して、作業を始めましょう。 ・画用紙に絵やことばを使って書く。 ・クイズを考える。 ・粘土で形を作る。 ・動作で説明する。	担任２名が入り、活動を支援する。作業の進み具合や一人ひとりが作業しているか、目当てに沿った活動になっているかをチェックし支援していく。 ◎活動に必要なものについては、前時の計画段階で確認しておく。 ・画用紙　・マジック ・写真　・粘土　等 ◎作業終了時刻を事前に示し、見通しをもって作業できるようにする。 （作業中にも、時々時間確認をする。） □自分なりの思いを達成するために活動することができたか。【思・表現】 ◎どうすればいいかわからなくなる児童には、アドバイスしたりして支援する。
まとめる5分	3　本時の作業の反省をし、次の活動のめあてを確認する。	●報告会の準備はすすみましたか。カードにかきましょう。 ●次回は報告会の練習をします。	◎簡単に反省できるように、記号を使って反省を書かせる。 ◎反省項目について、挙手させて、全体でも共有する。指名して、具体的に話してもらう。 ◎担任から見ての本時の反省を示し、次回の活動について説明する。

8　事後研修会

＜参加者＞

保幼小連携委員、主催校教員、東北文教大学短期大学部　奥山優佳教授

1）　自評

・３つのグループで、遊び場へ行って見たこと、体験してきたことを発表させ、本時のねらいである「報告したい思い」を導いた。

（行く途中で見たもの～生き物がいたこと、竹林があったこと、墓があったことなど）

・２か月経った学びについての子どもの様子から

～　幼稚園で身に付けてきた、やりたいという思いをつなげて、興味を引き出し自分の思いを伝えるという本時のねらいにつなげていった。

～　伝えるということは好きだけど、恥ずかしいという思いのある子もいるので励ました。

～　みんなの発表をあたたかく聞いていて、拍手もあった。

2）　話し合い

テーマ「幼小の接続を意識した生活科の授業を充実させるために～子どもの学びの姿から～」

・一人一人が考えを出し合っているグループに、二人組になって共同作業をしているグループにそれぞれ自主的に作業をしていた。（自主性）

・教師の声かけで、緊張がほぐれた場面もあった。

・田んぼで見た稲を描いたり、粘土でおたまじゃくしを作ったり、鳥居を絵で表現したりと、自分なりの思いを、準備された材料を使って手際よく作業をしていた。

・漢字がわかるよ、と自分が知っていることを自慢げにしながら書いている子もいて、これまで身に付けてきたことを生かそうとしていた。

・道具を貸して、といったら「いいよ」と言って、快く貸し借りをしていた。（思いやり）

・わからないことがあったときは、適切なアドバイスが必要な場面もあった。

・後片付けでは、時間を見通してきれいにすることも課題であろう。

・県の重点である「自主性」と「思いやり」は、いつの授業でも意識していきたい。

3）　ご指導

・表現能力はどのくらい育っているのか、経験はどれだけあったのか、表現力や経験知などを、幼稚園生活での実態を踏まえて生かしていくとよい。

・表現方法では、パーツで描くなどその子の性格が表れていた。発表のときは、作っている過程での思い（本音）も語れるようにするとよい。

・短い時間での活動であったが、その子なりの評価を大事にしていきたい。

・秋田喜代美氏「児童心理」より

～　この時期は「自ら学ぼうとする人生の基礎づくり」の観点での連携が必要である。
認知の発達として、言葉が大切になる。言葉には声に出す「外言」と思考としての「内言」がある。この時期に育つので、基礎づくりをしていきたい。

・幼稚園も小学校も、育ちの過程を共有化し、共通の視点で子ども達を見守っていきたい。

⑹　三川町立押切小学校　第１学年　生活科学習指導案

平成26年９月29日

1　単元名　　いきもののくらしをさぐろう
　 小単元　　こんちゅうはかせにぼくらのいきものをみてもらおう

2　幼小におけるねらいと学習内容・活動内容のつながり

幼　稚　園		小　学　校
「環境」領域 〈身近な自然・動植物とのかかわり〉 ⑶　季節により自然や人間の生活に変化のあることに気付く。 ⑸　身近な動植物に親しみをもち、生命の尊さに気付き、いたわる。 ６期 ○カブトムシの世話 ７期 ○虫採り	⇨	「生活科」 内容 ⑺　動植物を育てたり（中略） ４～５月 ○なにがあるかな ○ぐんぐんのびろ ６～７月 ○学校のまわりをさんぽしよう ８～12月 ○あきをたのしもう

3　単元の目標

○生き物を捕まえる、飼う、標本にするという一連の活動を通して、生き物への親しみをもち、いのちを大切にすることができる。
○生き物から自然環境への、興味・関心の素地を養う。

4　評価規準

○生き物やそれらの育つ場所、変化や成長の様子に関心をもち、生き物に親しんだり、大切にしたりしようとしている。　【生活への関心・意欲・態度】
○生き物を飼うことについて、自分なりに考えたり、工夫したり、振り返ったりして、それをすなおに表現している。　【活動や体験についての思考・表現】
○生き物は生命をもっていることや成長していること、生き物と自分との関わりに気付いている。　【身近な環境や自分についての気付き】

5　児童の実態　（男子７名　女子９名　計16名）

① 学習課題と「発問・指示」

課題設定で気を付けていることは、以下の２点である。

１点目は、児童から出てきた疑問を課題とすることである。友達が悩んでいる・困っていることを課題とすることで、児童は主体的に取り組むようになると感じている。２点目は、生き物の生命にかかわることを課題とすることである。例えば、生き物がすぐ死んでしまうのはどうしてか。住処に原因があるのか、えさに原因があるのかなど、生き物の生命にかかわることを課題としてきた。

「発問・指示」では、児童のつぶやきを取り上げ発問するようにするとともに、「どうすればいいと思う？」と児童に問いかけ、教師主導ではなく児童が選択・判断して学習していると感じさせるように心がけている。

② 学習形態の方策

２～８人のグループで活動している。捕まえたい生き物・飼いたい生き物を決めて活動するときに児童から「グループで活動したい」という意見が出たためである。生き物を一緒に捕まえに行き、住処をどうするか、観察して見つけたことを伝え合う活動をグループで行っている。カエルを飼っているグループが８人と多いため、話し合いの進み具合やグループ内での関わり方を見て、３～４つのグループに分けることを考えている。

③ しっかり受け止めて聞く

「友達の話を聞こう」という気持ちがまだ弱い児童が７名ほどいる。話を聞くときは何も持たない、体を友達に向ける、お話をしないという約束を決めて、繰り返し指導している。さらに、友達の話をくり返させたり、話を聞いてどう思うか問いかけたりして「聞く」ことができるように働きかけている。

④ 考えを豊かに語る

「自分が思いついたアイディアを友達に伝えたい」「友達にも一緒に○○をしてほしい」という思いがあると自発的に、学級全体に語りかける・働きかける児童が５名ほどいて、活動をリードしている。しかし、いつもそうなるわけではなく、「自分たちのこと」ととらえたときに考えを語り出している。「言いたい！」と思えるような活動や場の設定を試行錯誤している。

⑤ 生き物への関心

本学級は、休み時間に虫捕まえをしたり、採ってきた虫を教室で飼ったりする児童が多く生き物への関心が高い。一方、虫が苦手で触れない児童が数名いる。生き物を捕まる学習のときも、触れずに友達に採ってもらっていた。学習後の振り返りを見ると「大事に飼う」と書いており、関心が低いわけではない。

⑥ 環境の実態

本校周辺には、山や広い野原などがなく、田んぼに囲まれている。校地内では、わんぱく山・遊具周辺・語らいの広場にバッタや蛙、かまきりがいる草むらがあり、野球ネット裏の日陰にはだんご虫が生息している。草を食べるバッタ、バッタを食べる蛙やかまきりなどで小さな自然を形成していると言える。本校は、うさぎなどの小動物などを飼育しておらず、校地周辺にも見られない。

6　指導の方策

本単元は生き物を捕まえる、飼う、標本にするという一連の活動を通して、生き物への親しみをもち、いのちを大切にすることがねらいである。さらに、観察することで生き物の固体差や多様性にも気付かせていきたい。

単元づくりの構想

本学級の児童は、虫を捕まえて飼う、その後えさも与えず死なせてしまうという実態である。本単元を進めるにあたり、生き物を捕まえて「大事に飼う」、つまり、捕まえてきたからには、生き物のことを考えた飼育ができる児童を育てたい。さらに、飼育していく中で生き物の多様性に気付き、少しでも生き物に関心を持ち、そこから自然環境への目を向けるようになってほしい。

夏休み前に、学級ではさみ虫・蛙を飼った。みんなで、住処について話し合ったりえさについて話し合ったりしてきた。児童は生き物を飼う経験や問題があるとみんなで話し合って解決していく経験をしている。本単元では、一人一人生き物を飼うことで、「自分が世話をしないと死んでしまう」という気持ちを育て、生き物の生命について考えさせるきっかけにしたい。

活動後に「振り返り」を書かせる。観察の時間をしっかり確保し、「発見したこと」を発見カードに書かかせていく。振り返りや発見カードはファイルに蓄積していき、単元のまとめの活動で学習を振り返る材料としていく。

ゲストティーチャーの活用

児童に「飼っていた生き物が死んだらどうするか」と聞くと「土に埋めて手を合わせる」という答えが返ってきた。死んだあとの活動が適切かどうか疑問に感じ、元山形大学部非常勤講師であった水野重紀氏に話を聞きに行った。

水野氏は次のように話をした。「捕まえるというのはいのちをいただいたということ。死んだあとも活用して標本にする。それがいのちをいただくこと」。

これを担任が児童に伝えるより、直接話をしていただいたほうが心に残ると考えた。そこで、水野氏に会いに行き「生き物のいのちをいただくとは」の話を聞くことにした。２回目は本校に招き、児童の活動の様子を見ていただくことにした。担任ではない他者に見てもらうことによって、活動への意欲が増しさらに認めてもらうことで自信につながると考える。

研究テーマとの関わり……互いに学び合う活動を通して考えが深まる授業を創る

一人が1つの生き物を飼うことにした。捕まえたい・飼いたい生き物を聞くと蛙・だんご虫・蝶・かまきりの4つに分かれた。児童から同じ生き物のグループで活動したいという声が上がったため、グループで活動させることにした。テーマや話題に応じて話し合いをさせ、生き物探しや住処作りを一緒に活動させることで、気付きの深まりやさらなる考えの発展をして友達と活動するよさを体験させていく。

7　単元計画　（全23時間　本時12時間目）

	時数	学習課題【関・思・気付き】
むしマップをつくろう	1・2	夏休み前と生きものはちがうのかな【関】【思】
	3	どこにどんな虫がいたかな【関】
いきものがしんだらどうしたらいいだろう	4	生き物が死んだらどうすればいいか【関】【思】
	5	昆虫博士は生き物が死んだらどうしているだろう【関】【思】
	6・7	昆虫博士に会いに行こう【関】【気付き】
	8	昆虫（生き物）のいのちをいただくとはどういうことだろう【関】【気付き】
いきものをかんさつしてしんはっけん	9	押切小の周りの生き物を飼おう【関】【思】
	10	生き物を捕まえに行こう【関】【思】
	11	生き物を観察しよう【関】【思】
こんちゅうはかせにぼくらの生き物をみてもうおう	12	生き物のおうちをもっとすみやすくしよう【思】【気付き】
	13	外に出て、生き物のおうちをもっとすみやすくしよう【思】【気付き】
	14	水野先生に聞いてもらう発見を選ぼう【思】【気付き】
	15・16	水野先生に生き物のおうちと発見を見てもらおう【関】【思】
いきものずかんをつくろう	17	今まで発見したことをまとめよう【思】【気付き】
	18～20	虫図鑑をつくろう【思】【気付き】
	21	図書室に置いてもらって、みんなに読んでもらおう【思】
いきものをどうするかかんがえよう	22	これから生き物を飼っていくか考えよう【関】【思】【気付き】
	23	水野先生に今までのことを伝えよう　【関】【思】【気付き】

8　本時の指導

1）ねらい

○　生き物の住処をよりよくするために、生き物の立場に立って考えることができる。

2）本時の思考を深めるための構想

ゲストティーチャーが来ることを伝え、同じ生き物のグループで話し合いを進める。図鑑などを活用することが予想されるため、図書室が活用できるように司書補に協力を仰ぐ。「グループで話し合って、ゲストティーチャーに聞いてみたいこと」を聞き合う時間を設定し、各グループの考えを共有する。さらに「話を聞いていて他のグループへのアドバイス」を求め、学級全体での意見の交流ができるようにする。

3) 本時の評価規準

○ 飼っている生き物に心を寄せ、繰り返し関わろうとしている。
【生活への関心・意欲・態度】

○ 生き物の立場に立って考え、世話の仕方を工夫している。
【活動や体験についての思考・表現】

○ 生き物への親しみが増し、上手に世話ができるようになったことに気付いている。
【身近な環境や自分についての気付き】

4) 指導過程

過程	学習活動 主な発問、指示（○） 児童の反応（・）	指導上の留意点（◎） 評価（☆）
つかむ 10分	1 生き物の住み処を観察する。 ○ 土曜日と日曜日とみんなは休みでした。ところでみんなが飼っている生き物は元気かな。自分の席に持ってきて、確認してみましょう。 ・元気！休み前にえさをたくさんやったから ・なんか弱っている ・ちょっと臭いがするよ ・死んでいるのもいる、標本にしないと	☆関心・意欲・態度 ☆気付き
	2 ゲストティーチャーが来ることを伝える。 ○ 水野先生がみんなの生き物を見に来てくれることになりました。 ○ 水野先生が来てくれるまでちゃんと生き物を生かしておきたいなあ。みんなが飼っている生き物や虫かごを見て「大事に飼っているね！」って言ってもらえるかな。 ・大丈夫 ・うーん、だめかも ・死んじゃったしなあ…… ・ちょっと臭いもするし ○「大事に飼う」ってどういうことだろう。 ・生き物のことを考えて、草をしく ・住みやすいようにする ・生き物が喜んでくれるように、えさをたくさんやる ・長生きしてもらう ・大きくなってもらう	☆思考・表現 ◎生き物が死んでいる児童がいたら、どうして死んだか考えさせ、よりよい住処づくりに生かす。

	生き物のおうちをもっとすみやすくしよう ○　今日は生き物のおうちをもっとすみやすくするにはどうしたらいいか考えていこう。	☆思考・表現
深める 25分 （15分）	3　グループで相談する。 ○　同じ生き物のグループで考えましょう。どういうおうちにするかプリントに書きましょう。 かえるグループ ・水を入れた方がいいんじゃない？ ・えさが足りないかもしれないよ かまきりグループ ・枝が必要だよ ・飲む水もいるんじゃない だんご虫グループ ・葉っぱが多すぎるかなあ ・石がいるかも ・おうちが小さいかなあ ちょうちょグループ ・かれている花はだめなんじゃないかな ・もっとたくさん花がいるかも	 ☆思考・表現
（５分） （５分）	○　どういうおうちにすることにしましたか。発表してください。 <かえるグループの場合> ・水槽を洗ってきれいにする ・新しい葉っぱを入れる ○　△△さんの考えを聞いてどう思いましたか。 ・いいと思う ・かえるも喜ぶと思う ・えさをもっとあげたらいいんじゃない ・蛙は水が多すぎるといやがるからそのくらいでいいと思う ・ちょうちょはもっと大きい虫かごがいいんじゃないかな	◎各グループ1人に発表させる。自信がないときは援助してやる。 ◎アドバイスがあれば言わせる。 ☆表現
まとめ 10分	3　今日のふり返りを書く。 ○　今日の学習で思ったこと、考えたことをプリントに書きましょう。	◎時間があれば発表させる

板書計画

いきもののおうちをもっとすみやすくしよう

かえるチーム	だんご虫チーム	ちょうちょチーム	かまきりチーム
・みずをへらす ・…… ・……	・つちをこうかんする ・……	・はなをいっぱいいれる ・……	・えさをいれる ・…… ・……

（子ども達から出た考え方を板書する）

９　事後研修会より

＜参加者＞　　保幼小連携委員、主催校教員、指導主事

＜主に話し合われた内容＞

1)　単元構成や授業の内容について

・捕まえた虫の観察について

〜　気付いたことを記録させ、どうしてそうさせたのかその根拠も離させるとよい。

「自分は○○と考えたから、◇◇としたよ」など

・生き物との出会いで、自分が見つけた！と思わせることが大切である。

・考え方について

〜　住み処の再考では、住み易さでの「足す」「減らす」という視点で考えさせる。もっと住み易くするにはどうするか考えさせ、改良を加えさせる。

2)　授業の様子、子どもの見取りについて

・つかむ段階で、「大事に飼っているか」と聞いたら、半数が「大事に飼っている」と答えた。児童の思いは、
「触ったりしてかわいがっている」ことから、「大事に飼っている」ことが分る。
「生き物が快適に過ごせるには」を考えることで、「大事に飼っている」ことが分る。

・実際は、住み処がよくなっていないグループもあり、再考という課題につながった。

・自分が家で生き物を飼った経験や、夏休み前に虫を飼っていた経験を生かし、友達に自分の考えた住み処のよさを伝え、自分の考えを納得させていた児童もいた。

〜　自分で考えたことを友達に確認し、友達も「いいね」と意見を取り入れている姿が見られた。中には、メモを取る児童もいた。

・記録を積み重ねていくこと

〜　観察カードや振り返りカードを書くようにしたことで、「あのときはこうだった」と過去のことに戻り考えることができた。児童の見取りの点では、カードを見ることで自分の考えていること、発見したことが把握しやすく、学級全体にも広げることができた。

3)　研修を通しての成果と課題

・経験をもとに、友達を説得しようとする児童が出てきた。

・自分の考えだけで進まず友達の意見を尊重して話し合いが進められるようになった。

・記録に残すことで、話し合いに参加できなかった児童も自分の考えを振る返ることができた。

・児童が「これをしたい」という思いを受け止めて、さらに教師の願いも入れた単元を構成するにはどうすればよいかが課題になった。（幼稚園からの連携・

接続で)

4) 今後の展望

・子ども達の思いや考えを取り入れ、幼稚園での経験も生かしながら、魅力ある教材を設定することが求められる。

・話し合いでは、小学生らしく、根拠に基づいた意見が言える児童を育てていくこが求められる。

・教師が的確な発問を吟味し、入門期のこの時期の児童の思いや考え方を引き出してやることを大切にしていかなければならない。

5歳組 小学校訪問

4　学習・生活全般での接続プログラム

保幼小連携推進接続プログラムの実際（平成27年度～）

三川町教育研究所　保幼小連携推進委員会

～　各幼・小から出された接続内容の具体的な実践例　～

⑴　教育内容面

項　　目	幼　稚　園　　　　⇒	⇒　　　小　学　校
文字への関心、読書 ⇒　国語関連	・**文字ブロック**遊び ・**しりとり**（列車）カルタつくり ・**「あいうえお表」**つくり ・**はがき遊び**（郵便屋さんごっこ） ・**正月遊び**（カルタ、パズル等） ・**「思い出帳」**つくり ・**絵本貸し出し**（年23回） ・保護者による**読み聞かせ**（年５回） ・**英語で遊ぼう**（３～５歳で年５回）	＜４月の国語＞ ・「あいうえお」 ・「しりとり」 ・「おはなしききたいな」 ・「ほんをよもう」 ・「なまえをかこう」 ・「もじのせかいにでかけよう」 ＜親子読書＞ （横山小１～３年） ＜特活＞ ・「英語活動」（年６回） ⇒英語活動は三川町の特色
数や図形への関心 ⇒　算数関連	・**時間**（時計を見て）で行動する ～遊びや給食の時間等で ・**時計作り**（腕時計、傘時計等） ・正月遊び（すごろく、トランプ等**数字**に関係した遊び） ・円をかく、**折り紙**で三角に折る等 ・水遊び等で**量**感覚を体感 ・収穫した野菜の数を**数える**	＜４月の算数＞ ・「なかまづくりとかず」 ・「すうじ」 ・「いくつといくつ」 ～算数セットの活用 ⇒数感覚や操作活動が生かされて
自然との触れ合い活動（飼育・栽培活動） ⇒　理科・生活科関連	・**花壇の活動**（花植え、水やり） ～「センニチコウ」の種取り ～４歳では、「キバナコスモス」 ・**農園活動**（じゃがいも、トマト、ピーマン、カボチャ、キュウリ、大豆、サツマイモ、ダイコン等）畑の先生 ～ＪＡより甘い「アンジェラトマト」の栽培 ・**生き物**との触れ合い ～田んぼで（オタマジャクシ、イナゴ） パークランドで（バッタ、カマキリ、イモリやトカゲ等） ～クラゲ教室 ・**自然物（植物等）**との触れ合い ～よもぎ摘み、季節の花摘み（図鑑の活用） ～ドングリ、ツバキの実、松ぼっくり	＜４月の生活科＞ ・「はるさがし」 ・「いきものとなかよし」 ・「ひとつぶのたねから」 ＜金峰少年自然の家で＞ ・「春さがし、秋さがし」 ・「雪遊び」（横山小） ＜学校の畑での活動＞ ・自分たちで育てる活動 ⇒幼からのつながりの内容が多い

	～柿もぎ体験（渋み体験も） （焼酎にさわして） ～氷つくり **・天体、科学関係** ～プラネタリウム鑑賞 ～エコ出前講座	
施設見学等 ⇒　社会科・生活科関連	**・園外保育** ～愛宕神社、対馬公園、袖東公園 **・なの花荘訪問** ～運動会、敬老会へ参加 **・アトク先生の館見学** ～おひなさま見学	<４月の生活科> ・「がっこうとなかよし」 ・「なにがあるのかな」 ・「町探検」 ⇒幼で行ったことのある場所もある
歌、楽器、劇表現等 ⇒　音楽、芸術関連	**・月の歌**（H26、27） ４月「春の風」「うたえバンバン」 「はるがきた」 ５月「バスごっこ」「山のワルツ」 「おおまきばはみどり」 ６月「虫歯建設株式会社」 「大きな古時計」「七夕さま」 ７月「宇宙人のテレパシー」 「やさいのチャチャチャ」 ８、９月「ガンバリマン」 「むしのこえ」 「ちいさい秋みつけた」 10月「にじのむこうに」 「空にらくがかきたいな」 「もみじ」 11月「たきび」 「朝いちばんはやいのは」 「はたけのポルカ」 12月「風の花たば」 「友達になるために」 なかよし発表会での歌 「世界に一つだけの花」 「ビビディ・バビディ・ブー」 １月「カレンダーマーチ」 「お正月」 「風も雪もともだちだ」 ２、３月「ひなまりの歌」 「１年生になったら」「国歌」 **・和太鼓演奏**「大地と風」 ～４月からは、全員で練習を始めて、11月の保育参観日に発表 ・楽器遊び ～大太鼓、小太鼓、タンバリン、トライアングル、鍵盤ハーモニカ、木琴 （今年度は、ミュージックベルも） →なかよし発表会で合奏発表 「きよしこの夜」	<４月> ・うたとなかよしになろう 「うたでさんぽ」 「ぞうさんのさんぽ」 「てとてであいさつ」 「ひらいたひらいた」 ・校歌 <全校で歌う場> ・朝会等での月の歌 ・学校祭での全校合唱 ～季節の歌はよく知っている 「にじのむこうに」 （押切小） ～教科書から広げている ⇒歌のバリエーションの広がり器楽への親しみもつながって <学校祭での太鼓発表> （横山小） ⇒発表経験が生かされて

	・「歌声なの花」との交流 ～「うたえバンバン」 **・音楽教室** ～今年度は和楽器演奏も鑑賞 **・演劇教室**（人形劇団クスクス） ～「たぬきとチュウリップ」等鑑賞	・「音楽鑑賞教室」 ・「演劇教室」
制作・絵画表現 ⇒　図工・生活科 　　関連	**・絵画活動**（主題） ～「なの花」「こいのぼり」 　「プラネタリウム」「風鈴」 　「水遊び（はじき絵で）」 　「運動会」「遠足」 　「ダイコン掘り」 　「なかよし発表会」「豆まき」等 **・制作活動** ～「こいのぼり」「てるてるぼうず」 　「たなばた（貝つなぎ、ちょうちん）」 　「笹竹飾り（織姫・彦星）」 　「サッカーの応援のグッズ」 　「とんぼ」 　「ドングリ、松ぼっくり等の秋の自然物を使った制作（けん玉等）」 　「イナゴ・ススキ・クリ作り」 　「新聞紙でサツマイモ作り」 　「クリスマスリース（いもの茎をベースにして）」 　「クリスマス飾り」 　「鬼の面（風船を張子にして）」 　「おひなさま」 ～「絵本作り」「自分の体作り」 ～「お店屋さんごっこ」で売る品物や宣伝ポスター **・造形活動** ～「色水遊び」「シャボン玉遊び」 ～「砂遊び」 　「雪遊び（雪だるま等）」 ～「廃材遊び（立体の組み立て）」 ～「折り紙遊び」 　（今年度は、クラゲも）	＜図工４月＞ ・「すきなものなあに」 ・「おひさまにこにこ」 ～絵の具の使い方の指導 ＜イメージを広げた活動＞ ・ダイナミックな表現をさせて （例）くもの巣ランド 　　（押切小） ⇒自由な発想を大事に ⇒はさみや接着剤の使い方が生かされて
クッキング・食育 ⇒　家庭科、 　　給食関連	**・給食関係** ～当番による「献立発表」 ～「お花見給食」、「交流給食」 ～タペストリーでの栄養素遊び 　（４歳で実施） **・クッキング** ～よもぎだんご作り ～カレーライス作り ～スイートポテト作り ・もちつき体験（ＪＡの協力で）	＜給食関係欄参照＞ ・配膳の仕方を縦割り班で ＜畑で収穫した物の調理＞ （例）・いもかりんとう 　　　・焼き芋 　　　・葉の漬物

運動、体力、 運動遊び ⇒　体育関連	**・走る活動** ～３周を雪の降る前まで ～町民運動会へ向けたかけっこ ～運動会での「バトンタッチリレー」 **・リズム運動** ～「小鳥のお話、金太郎とくま、手押し車」等、ピアノに合わせて **・姿勢のよくなる動き遊び** ～くまさん歩き、ラッコさん歩き、アシカ歩き、りんごもぎジャンプ、壁タッチ歩き、巧技台歩き、トンネルくぐり等（サーキット風に） ～運動会では「ディズニー体操」 ～リトミック（幼児体育教室） **・なわとび運動** ～曲に合わせて ～運動会へ向けた１回旋１跳躍跳び **・外遊び** ～「雲梯」「鉄棒」「サッカー遊び」 「木登り」「山でのおにごっこ」 **・集団遊び** ～「手つなぎ鬼」「助け鬼」 「しっぽ取り鬼」「サッカー遊び」 「ころがしドッジボール遊び」等 ・水遊び（押切小のプールも活用） ～インストラクターによる指導も（顔つけ→潜る→浮く→泳ぐの段階） **・踊り（マスゲーム）** ～「七夕まつりの曲」「流行の曲」で ～敬老会で「よさこいソーランロック」 ～運動会で「ＧＵＴＳ！」 （隊形移動も演技に入れて） **・昔の遊び** ～「はねつき」「ヨーヨー」 「コマ回し」「けん玉」 「ゴムとび」「まりつき」 「せんべいつり」等 **・雪遊び** ～そりすべり **・チャレンジ** ～「竹馬」「一輪車」「とび箱」 「ウッディークライミング」等 **・幼児の体力テスト**より ▶P94参照	＜４月＞ ・「ならびかた」 ・「体ほぐし運動」 ・「固定施設遊び」 ・「おにごっこ」 ・「かけっこ」 ＜５月＞ ・町民運動会 ＜持久走、グラウンド走＞ (各校で) ・２～３周 ・３分くらい ＜水泳＞ ～水を怖がらない子が多い（幼での体験の効果） ＜なわとび運動、鉄棒＞ ～個人差が大きく怖がる子も ⇒めあてを持って取り組むこと 簡単なルールを知って運動することが生かされて ⇒新体力テスト結果との連動を
遠足、園外保育 ⇒　遠足、 校外行事関連	**・春の親子遠足** ～酒田市「フィールドアスレチック」	＜生活科＞ ・「がっこうのまわりをさんぽしよう」

	・秋さがし遠足 ～鶴岡市「大山公園」 **・園外保育** ～「愛宕神社、対馬公園、袖東公園」 （３～５歳組縦割りで活動）	＜金峰少年自然の家での活動＞

⑵ 態度形成面

項　目	幼　稚　園　⇒	⇒　小　学　校
聞き方 ⇒　学び合い	**・聞き方の指導（３歳から）** ～静かに、話し手の目を見て **・体育座りでの聞く姿勢** ～集会や誕生会等での待ち方	・「話型」 （聞き方、話し方） ⇒指導のつながり（基本できている） ～椅子に座っての姿勢には個人差
返事、話し方 ⇒　話し合い	・呼ばれたら**はっきり返事** ～あいさつ、返事は家庭と連携 **・自分の言葉で話す** ～帰りの会で、がんばったことやうれしかったこと発表 ～休み明けの生活発表 ～誕生会での質問コーナー　等 **・話し合い** ～なかよし発表会での相談 ～グループ活動で	＜学活：４月＞ ・「たのしいがっこう」 ・「いつでもどこでも」 ＜スピーチ集会＞ ・自主的な発表・表現の場の設定 ～低中高で年２回（横山小） ＜小グループで話し合い、教え合い＞ ・ペア学習（押切小等）
遊び、学びのルール ⇒　学び方の約束	**・順番を守る** ～遊具や道具を使うとき等 **・物の貸し借り、譲り合い** ～「貸して、いいよ」等 **・声の大きさ** ～「あり」→「かえる」→「ねこ」→「さる」の声の大きさ順で話す（場に応じて）	＜道徳：４月＞ ・「たのしいがっこう」 ・「いつでもどこでも」 ＜学習のやくそく＞ （東郷小） ・ふでいれの中の準備 ・つくえの中の準備 ・前日のうち時間割で準備（押切小） ・挙手・立ち方、声の大きさ
準備、後始末 ⇒　学びの構え	**・登園後の準備** ～バック、防寒具等の整理 **・使い終わった後の後始末** ～自分達で後片付け	＜校内外での生徒指導＞ ・雨合羽の着方、ズックのはき方、ランドセルの置き方等（東郷小）
鉛筆、箸の持ち方等 ⇒　基本的な技能	**・箸の持ち方（日本の文化）** ～スプーンから順手、逆手持ち、親指と人差し指の支えで **・鉛筆の持ち方** ～箸の持ち方から１本外した持ち方へ **・はさみの持ち方・使い方** ～制作活動の場で	＜書写：４月＞ ・「じをかくしせい」 ・「はじめのれんしゅう」 ⇒鉛筆や箸の持ち方は、なかなか身に付かない子もいる。（正しい持ち方をする子はごくわずかで、気になる子が多い）

⑶　生活全般に関わって

項　　目	幼　稚　園　　　⇒	⇒　　小　学　校
生活リズム ⇒　「早寝、早起き、朝ご飯」の実践等	・**「早寝・早起き・朝ご飯」**は家庭との連携で啓発 ～１月の「**よい子生活リズムがんばり表**」による実践　▶P103参照 ・12月より、**午睡なし**の生活練習 ・**メディア対応**（保護者参観で） ～親自身も関心も持つこと	＜学校保健委員会＞ ・「生活リズムてんけん」 ＜生活リズム＞ ・朝ご飯は、食べているようだ ・最初の学級懇談会でお願い（親の当事者意識薄い） ⇔幼でのはたらきかけも ・メディアについては、ＰＴＡでの研修も「セーブメディア」
給食関係 ⇒　食欲、食事時間、栄養への関心、好き嫌い、配膳後始末等	＜５歳の**ねらい**＞ １期：落ち着いて食事をする ２期：好き嫌いしないで食べる ３期：食べ物と体の関係に興味を持つ ４期：食事の大切さを分からせる ・１月からは、**配膳練習**も （その他：「食育」欄参照）	＜学活：４月＞ ・はじめにのきゅうしょく（ランチルームで） ～就学児体験入学で１度体験 ・はじめての給食当番 ＜時間で食べる給食＞ （例）もぐもぐタイム ⇔家庭との連携必要
あいさつ、言葉づかい ⇒　朝、お客さまへ、お礼の仕方、謝り方、場に応じた話し方	・**あいさつ、返事**はしっかり （「返事、話し方」欄参照） ・悪いことをしたら**謝る** ～友達に対して等 ・**人のいやがる言葉づかいはしない** ・お世話になったときは、「**ありがとう**」を言う	＜道徳：４月＞ ・「たのしいがっこう」 ＜生活科：４月＞ ・「がっこうたんけん」 ＜あいさつの実態＞ ・登校班等決まった場所ではよいが、廊下で会った時等はまだだ。
衛生面 ⇒　手洗い、うがい、トイレの使い方、汗ふき 着替え、爪切り はだしでの活動	・**手洗い、うがい、汗ふき** ～外から帰ったら、給食の前 ～粘土遊び等手が汚れた活動をした後の手洗い ・**トイレの使い方** ～汚さないように、衣服着脱も ・**爪切り、頭髪洗い** ～家庭との連携 ・**室内の換気** ・**はだしでの活動** ～時期を決めて	＜学活：４月＞ ・「がっこうのやくそく」 ＜衛生検査＞ ・ハンカチ、ちり紙
掃除、整理・整頓 ⇒　身の回りの美化の保持、環境の整理等	・**使ったものは自分達で片付け** ～お道具箱や共用の入れ物へ ・**みんなで大掃除** ～長期休みに入る前に実施 （年３回、ぞうきんがけも）	＜清掃：４月＞ ・「なかよしはんかつどう」 ～掃除は好きなようだ （整理には個人差がある）

身辺処理 ⇒　片付け方、 弁当袋の結び方、 ひもの結び方、 合羽の着方たたみ方等の技能	・**身支度** ～自分のことは自分でする ・**衣服の管理** ～着脱、たたみ方、入れ方 ・**ひもも結び方** ～「ちょうちょ結び」の方法も	＜学活：４月＞ ・「がっこうのやくそく」 ～自分のことは自分でやる習慣を（プラスαの役割を持たせて） ⇒幼でやっていただいてありがたい（１年生でも指導の必要性がある）
避難訓練、交通安全、生活安全 ⇒　避難の約束、 安全確保の技能	・**避難訓練**（毎月実施） ～「お・は・し・も」の約束に小学校と統一しての意識付け ～今年度は、洪水想定も （押切小へ） ・**石拾い活動** ～月初めに（グラウンド） ・**遊具の安全な使い方** **非常用設備、自動ドアの安全** ～年度初めに指導 ・**かもしか号** ～交通安全指導（ストップ約束） 「ドアロック」「飛び出し注意」 「シートト着用」「死角」及び 「内車差」の体験 ～町内会のかもしかでも実践	・避難訓練「おはし」のやくそく ・「いかのおすし」のやくそく ＜４月＞ ・１年下校指導 ＜５月＞ ・交通安全教室 ＜６月＞ ・自転車教室 （横山小：１・２年対象） ・「安全みつめたい」との連携
友達関係、仲間意識 ⇒　班活動、 異年齢活動、 遊び仲間、 協力による目的活動	・**クラスでの班活動** ～協力、アイディアの出し合い ・**異年齢でのグループ活動** ～下の子を面倒見る ・**友達関係づくり** ～気の合う友達を見つけて、仲良く活動が進められるようにすることからスタート ～友達の良さを認める活動 ～トラブルがあっても、自分達で解決しようとすること ・**行事での集団活動** ～みんなと同一行動をとる ～協力してまとまりのある集団活動	・「なかよしはん」活動 ・「登校はん」の指導 ・「１年生を迎える会」（４月） ・異年齢（特に上級生との）かかわり もう少し深くしていきたい。 ＜いじめの未然防止＞ ・「いじめ・差別０の学校」 （横山小児童会の取組）
その他	・**誕生会**（月ごとに、家の人からも出席してもらって） ～家の人からは、「名前に込められた願い、由来」「誕生にまつわるエピソード」「どんな子に育ってほしいか」等を語っていただく ・**老人クラブとの触れ合い活動** ～農園づくり、花壇の花植え ～正月遊びでの交流 ・**中学生の職場体験交流** ～いっしょにかかわって遊ぶ ・**保護者会との連携**	＜自分自身の成長や地域の人との触れ合い活動を通して＞ ⇒生活科の「自分自身の成長の振り返り」へつなげて ⇒生活科の「これまでの自分の成長を支えてくれた人々への感謝の気持ちをもつ」ことにつなげて ・ＰＴＡとの連携

※その他、必要な情報交換

＊幼児の運動能力調査を小学校につなぐ

運動能力判定基準表（ＭＫＳ幼児運動能力検査）に基づいた実態

みかわ幼稚園５歳児

＜　男　児　＞ 種　　目	評定点	基　準　値		みかわ幼稚園５歳児の 平　均　値
		５歳前半	５歳後半	
25m走（秒）	５点	～5.9	～5.6	→ 6.42秒
	４点	6.0～6.5	5.7～6.1	
	３点	6.6～7.1	6.2～6.7	
	２点	7.2～8.0	6.8～7.5	
	１点	8.1～	7.6～	
立ち幅跳び（cm）	５点	120～	130～	→ 110.7cm
	４点	104～119	113～129	
	３点	85～103	96～112	
	２点	62～ 84	76～ 95	
	１点	0～ 61	0～ 75	
テニスボール 投げ（m）	５点	10.5～	12.0～	→ 7.5m
	４点	7.5～11.5	8.5～11.5	
	３点	5.0～ 7.0	6.0～ 8.0	
	２点	3.0～ 4.5	3.5～ 5.5	
	１点	0.0～ 2.5	0.0～ 3.0	

＜　女　児　＞ 種　　目	評定点	基　準　値		みかわ幼稚園５歳児の 平　均　値
		５歳前半	５歳後半	
25m走（秒）	５点	～6.0	～5.8	→ 6.83秒
	４点	6.1～6.7	5.9～6.2	
	３点	6.8～7.4	6.3～6.9	
	２点	7.5～8.3	7.0～7.7	
	１点	8.4～	7.8～	
立ち幅跳び（cm）	５点	112～	120～	→ 101.7cm
	４点	96～111	105～119	
	３点	78～ 95	89～104	
	２点	59～ 77	70～ 88	
	１点	0～ 58	0～ 69	
テニスボール 投げ（m）	５点	6.5～	7.5～	→ 5.7m
	４点	5.0～6.0	6.0～7.0	
	３点	4.0～4.5	4.5～5.5	
	２点	2.5～3.5	3.0～4.0	
	１点	0.0～2.0	0.0～2.5	

⇒　幼稚園での実態を小学校の体力テストへつなげていく。

5　家庭（保護者）との連携

⑴　輝く小学校生活に期待して　～すてきな子育てを小学校につなげて～

みかわ幼稚園５歳組クラス懇談会資料　　　　平成29年度の例

みかわ保育園・幼稚園　齋 藤 雅 志

1　小学校生活に期待を持たせて

1)　１年生入門期への期待と不安

・はじめて小学校に入学する子どもは、わくわくしながら、期待感を持って来年４月の入学を楽しみにしている反面、「勉強はどうなのかな？」「友だちはできるかな？」「先生はやさしいかな？」など、不安を持っているのも確かだと思います。

⇒　そんな子どもたちに、夢を育み、不安要素を取り除いてやるように、親自身もいっしょに入学するつもりで子どもに接し、共に伸びていきましょう。

（ＮＧ）小学校では幼稚園と違って難しいことを習うからしっかり勉強するのよ。

（ＯＫ）どんな勉強がはじまるのかな、お母さんも楽しみだな。

2)　希望の出会いを大切に

・小学校生活での友達との新しい出会い、新しい体験、楽しかったこと、わくわくしながらやったことなどをお家に帰ったら聞いてあげよう。満足した様子からこそ、明日の学校生活への期待感を増幅させていきます。

⇒　明日への希望を育む会話を通して、励ましながら、日々のお子さんの成長を見届けていきましょう。

（ＮＧ）今日、学校で先生から叱られなかった？

（ＯＫ）幼稚園のころよりも、名前の字が上手に書けるようになったね。

3)　担任の先生、学校の先生方と仲良く

・先生方から見方になってもらい、何か困ったことがあったときや悩み事があったりしたときに気軽に声のかけられる関係をつくっていこう。

⇒　先生や学校との信頼関係を築いていくことこそがお子さんの成長を最大限サポートしてくれるはずです。（食卓での中心話題に）

（ＮＧ）今度の担任は、何が不得意なんだろう？我が子をちゃんと見てくれるんだろうか、不安だな。（子どもの前では、決して担任の悪口を言わないこと）

（ＯＫ）きっと、クラスみんなの子や保護者とも気軽に話しかけてくれるんじゃないかな。（家で学校での様子を話してくれたら、担任に伝えてあげよう）

4)　保護者同士も仲良く

・これから６年間付き合っていく仲間ですから、多くの親と仲良くなり、共に子どもたちを育て、学級・学校を盛り上げていく雰囲気をつくっていこう。

⇒　気心が知れることで、前向きで建設的なＰＴＡ運営も期待でき、お子さんへのバックアップにもなっていきます。(子育ての仲間としても)

（ＮＧ）あの保護者は性格が悪い（合わない)、威張るようで気に食わないから、付き合わないようにしよう。

（ＯＫ）役を持っていて大変そうだな、私も協力しなくっちゃ。

5)　学校での子どもの様子を積極的に参観しよう

・可能な限り、学校での子どもの様子を参観し、経営方針も理解しよう。

⇒　子どもは父母が見に来るのを楽しみにしています。がんばりを見てやろう。

（ＮＧ）勉強は学校にお任せしておけばいいや、参観中の携帯電話やスマホ、私的なおしゃべりも失礼になります。

（ＯＫ）学級・学校の方針って、こうなのか。子どもたちもがんばっているね。

2　「遊び」から「学び」へ

1)　保育園・幼稚園では「遊び」が「学習」です

・保育園、幼稚園でしっかり遊んできたことを褒めてあげよう。この遊び込みこそが、小学校での学習の基盤になっていることを理解してください。

⇒　幼稚園教育の内容は、「健康」「人間関係」「環境」「言葉」「表現」です。これらを遊びを通して身に付けていきますが、このような遊びの中には、「興味・関心」「好奇心」「問題発見力」「感性」「創造力」「体力」など、多様な価値（非認知能力）が内包されていて、小学校で求められている能力の基礎が築かれています。

2)　そして小学校教育へ

・幼稚園教育から、小学校教育への円滑な接続を図ることが、新学習指導要領でも配慮されています。山形県でも、「幼小連携スタートプログラム」が策定されていて、少しずつ小学校生活に慣れていくような配慮がなされています。

⇒　「小１プロブレム」への対応ということで、幼児教育と小学校教育の連携を図ることが、学習指導要領でも明記されています。各小学校でも、さまざまな配慮がなされていますので安心してください。

・いちばん直接的なのは、「生活科」です。「知識」より、「活動」や「体験」を重視し、自立の基礎を養っていきます。また、合科的な学習を行なったり、時間の配分を工夫したりして、少しずつ教科の学習に慣れていくようにしています。

3)　小学校での「学習」への期待と不安

・幼稚園では「ひらがなが書けなかった」、「数字が読めなかった」など、みんなについていけるか心配な親御さんもいると思いますが、心配はいりません。１年生で丁寧に学習していきます。少しずつ時間割にも慣れていって。

・むしろ、「知っているからつまんない」「書けるから聞かなくてもいい」という子どもの方が心配です。そんな子には、繰り返し確かめさせたり、より丁寧に書かせたりするなど、学びの姿勢を保たせることが大切です。

⇒　学習指導要領では、個別指導や繰り返し指導、補充・発展的な学習も取り入れられています。児童の興味・関心に応じた課題学習もあります。

4)　これからの教育で大事にされていること

・知識の獲得も大事ですが、学ぶ過程（どのように学ぶか）を大事にした教育への転換が図られます。

⇒　国や県では、「アクティブ・ラーニング」（探究型学習）を推進していきます。

～　学び方の主体性・協同性（能動的・対話的学び）が協調されていきます。

・新しい学習指導要領で取り入れられようとする内容

⇒　英語（外国語）・道徳の教科化、プログラミング教育などが取り入れられます。

～　これからの時代に必要とされる内容なのでしょう。

5)　今の時代、心しておきたい教育課題

・メディアとの望ましい付き合い方

⇒　ネット、ＳＮＳ、スマホ利用は、とても便利なのですが、依存症による、使う時間や健康問題、親子の触れ合い不足や直接対話の不足等の弊害も心配です。

・読育の推進（県の施策）

⇒　県でも読書の大切さ、学習への効果を提唱しています。心を豊かにするだけでなく、親子読書では、親子のコミュニケーンも図られると思います。

・食育の推進（食育基本法）

⇒　食を通した子どもの健康問題も大きな課題です。生活リズムも大事にしよう。

・いじめ防止（いじめ防止対策推進法）

⇒　人権を尊重した思いやりの心を育むことは、いつの時代も大切です。

6) 家庭学習で大事にしてほしいこと

・義務感より、楽しく学習できるように。量やスキルだけに走らないで、自由研究など、自分の好きなことも積極的にやらせよう。

・毎日決まった時間にやれるように習慣化させよう。（時間は短くても続けること）

・わからないときや、困ったときは、お父さん、お母さんもバックアップしてあげよう。

・ノートに表れない力（話す、朝読み、外での体験、お手伝いなど）も大事に。

・読書も学習の１つに（親子読書の勧め）。

⇒ 学びの楽しさを体得させながら学力の定着を図ろう。

7) 「みんなちがって、みんないい」学校生活を

・子ども（人）には、みんな得意・不得意があります。身体や学習でも発達の違いがあります。対人関係力にも違いがあります。それを、みんな個性と捉え、違いのよさを生かす教育が施されるようになりました。金子みすずの「みんなちがってみんないい」の世界です。（共生社会：インクルーシブ教育の推進）

⇒ 少し理解をするのに時間のかかる子、いっしょにできない子がいたとしても、変な目で見たり、非難したり、いじめたりして、いやな思いをさせないように、共に支え合っていくあたたかい友だち関係づくりをしてほしいと思います。

8) 生活力全体を高めていこう

・健康な体があってはじめて学習ががんばれます。生活リズムを大切にし、基本的な生活習慣を身に付けている子ほど、学習の効果も高まります。「早寝・早起き・朝ごはん」「歯磨き」など、毎日の習慣化を図っていきましょう。

・「快食」「快眠」「快汗」「快便」の「４快」も意識させよう。

⇒ 学力日本一の県は、このことをしっかり実践しています

・人に頼らず、自分でできることは自分でできるように支援していこう。学習用具の準備や衣服の着脱、使った物の後始末など、大人に頼らず少しずつ自立させていこう。身の安全を守る危険予測能力の育成も図っていこう。

・少しことには我慢させることも心がけさせよう。「おやつがほしい」「歩きたくない」「宿題を後回しにして、すぐテレビ・ゲーム」など、簡単に言いなりにならないように、子どもにも目標を持たせよう。（自然体験・社会体験も大切に）

⇒ １月に「より良い生活リズムをめざして」の家庭実践を ▶P103参照

3　すてきな子育てをめざして

1)　親の愛情を注いで

・子どもたちのいちばんの願いは、アンケートによると「家族みんなが楽しく過ごすこと」だそうです。安心できる家族の雰囲気がなにより大切ですね。

・忙しい中、わずかな時間でもかかわってあげることで、子どもを愛しているということを伝えることができます。

（ＮＧ）お母さん、忙しいの、うるさいからあっちへ行ってなさい。

（ＯＫ）何か伝えたいことがあるのね。今忙しいから、後で聞くからね。

・家族団欒の時間を大切に、夕食時は、テレビを消して、今日のお子さんの出来事を話題にしながら会話をし、明日への勇気づけを行っていこう。

・お風呂で一緒に会話を楽しむのもいいでしょう。

（ＮＧ）お父さん、今日給料日でしょう。早く出して。など、子どもに聞かせたくないような話しを話題にすること。

（ＯＫ）今日、学校でいちばん楽しかったことは何かな？家の人に頼まれたことはなかったかな？先生に伝えてほしいことはないかな？

⇒　楽しい話題が飛び交う会話が、安心できる家庭環境をつくっていきます。

2)　親の前向きな生き方を背中で見せて

・困ったとき、苦しいときこそ、親は辛い顔を見せないで子どもに接しよう。子どもは親の表情にとても敏感です。子どもがいるからこそ苦労があるのだ、と思うことで気が楽になると思います。

・親の明るいあいさつ、美しい言葉づかい（ありがとう、おかげさまで等）は、子どもの心を豊かにし、社会に通用する子どもを育てることになります。

・親の働く姿、正しい所作や生活態度も後姿で見せよう。子どもは、自然と親のしぐさを真似たり、職業観が育まれたりします。(子育て共同参画の時代)

（ＮＧ）仕事で疲れているんだから、あっちへ行っていれ。

（ＯＫ）お父さんも元気で仕事に行ってくるからね、○○さんも、学校で元気でがんばってきてね。

⇒「人生の大切な生き方」を感化してやれる父母としてがんばろう。

3)　自立の援助を

・小学校期の発達課題は、「自立心の芽生え」です。１人でできることが、１年生のころからどんどん増えていきます。１つ、また１つお母さん、お父さんの手がかからなくなっていくのを成長の証として、しっかり見届けていこう。

（ＮＧ）子どもの要求ですぐ物を買ってあげたり、親がすぐ片付けてあげたりして簡単に子どもの言いなりになること。

（ＯＫ）もう、このくらいだったら自分でできると思うよ。

・多様な失敗、成功体験も自立を促進させます。まず自分でやってみて、できたら自信になり次の意欲につながるし、失敗したら、できるようになることを新たに考え直します。むしろ、失敗体験の方が力になることが多くあります。チャレンジ心を育み、一人でできるように援助していこう。

（NG）こんなのもできないの、もっとちゃんとしなさい。

（OK）失敗も勉強だよ、心配しないで何回も挑戦してみようよ。

⇒　成功を急いで求めないで、待ちの子育ても大事にして、自立の芽生えを援助していこう。

4）　善悪の判断力を家庭でも

・最近、いじめ問題がクローズアップされています。幼いときから、善悪の判断をしっかり身に付けさせることが重要です。昔の人は、「ならぬものはならぬ」とはっきりと教えてきました。現代は、しっかりした教えがなされず平気でいじめたりや暴力がはびこっているのが憂慮されているところです。

・乳幼児期の「快・不快」から、小学校期にかけて次第に「善・悪」が判断できるようになっていきます。この時期をのがさず、家庭でも具体的な場面を通しながら、「うそをつかないこと」や「ひきょうなことはしないこと」、「自制心」や「他との協調性を育むこと」を教えていきましょう。

（NG）悪いことをすると、親が子どもを怒鳴ったり叩いてわからせようとする。

（OK）こんなことをしたら、他人に迷惑ならないかな？いやなことを言われたときの相手の気持ちはどうかな？

⇒　「我が家の家訓」「我が家の憲法」をつくっている家庭もあるようです。このような取組は、家庭内だけでなく、社会生活でのルールの順守やマナーアップにもつながる基本的な価値も内包されていますから、大切にしていきたいものです。

5）　上手な褒め方、叱り方

・褒められるということは、大人でもうれしいものです。ましてや、子どもは褒められるとその気になります。逆に、悪いことは諌めないでいるといつまでも直りません。命にかかわる危険なことをしたり、他人に迷惑をかけたりするようなことをしたら、しっかり叱ることも大切です。

＜上手な褒め方＞　① 努力したり工夫したりしたら見逃さず褒める。

② 抽象的な褒め言葉ではなく、具体的に褒める。

③ 他の子と比較して褒めない。その子なりのがんばりを褒める。

④ 大人の都合で褒めない。子どもの目標に寄り添って褒める。

⑤ ご褒美でつる褒め方はやめる。本人の心に届ける。

⇒ できれば、みんなの前で褒められるとうれしいものです。

＜上手な叱り方＞ ① 短く、厳しく、簡潔に叱る。長々の説教は逆効果。

② 頭ごなしに叱らないで、そうしたことをまず理解してやる。

③ 他の子と比較して叱って、自尊心、人格を傷つけない。

④ 行為そのものを叱り、その場の気分で、感情的に叱らない。

⑤「先生に言いつけるぞ」などと他の力を借りて脅さない。

⇒ 叱るときは、人前ではなく、そっと呼んで改善を促そう。

（ＮＧ）何でこんな点数をとってきたの。何でみんなができることができないの。

（ＯＫ）命にかかわることだからね。約束を守るって大事なことなんだよね。

⇒ 上手に褒められると、自己肯定感が育ちます。上手に叱られると、自己コントロール力や他と共存する力が育ちます。

〈参考１〉「可愛くば、五つ教えて、三つ褒め、二つ叱って、よき人と為せ」

二宮尊徳

〈参考２〉「言って聞かせて、やって見せ、それをさせてみて、褒めてやらねば人は動かじ」 山本五十六

6) コラム

＊愛される親 ５つの「あ」

① あいしている 「あ」
② あわてない 「あ」
③ あせらない 「あ」
④ あきらめない 「あ」
⑤ あんしんさせる「あ」

＊いのち輝く７つの約束（山形県）＋我が家の約束

一 よく学ぼう よく聴き よく読み よく考えて
一 よく遊ぼう 自然の中で のびのびと
一 手を貸そう 今のあなたに できること
一 ありがとう 感謝の心で つながる絆
一 あいさつは 明るく元気に 自分から
一 声かけよう わが子と同じ よその子も

＊山形県の「子育ち５か条」

①　身に付けよう　早寝早起き朝ごはん　知力・体力　朝から全開 ②　こつこつやろう　わが家の学び　毎日続けて　知力を耕す ③　心をつなごう　親子の対話　よさを引き出す　あったかことば ④　かしこく付き合う　ＴＶやスマホ　しっかり守ろう　わが家のルール ⑤　体験しよう　地域の中での豊かな学び　郷土で培う人間力

＊がんばる「カ」「キ」「ク」「ケ」「コ」の親

「カ」感動を与え、寛容の精神を持つ親 「キ」企画力を持ち、機転のきく親 「ク」工夫し、苦労をいとわない親 「ケ」計画的で、心身ともに健康な親 「コ」交際力があり、根気強い親

＊豪華さはお金で買えるが、幸せはお金で買えません。親は、子どもの伴走者、子育て２人３脚で、すてきな子育てになっていくことを期待します。

(2)　より良い生活リズムをめざして「よい子の生活リズムがんばり表」

三川町教育研究所健康指導研究部アンケート資料（平成30年１月実施）

▶P103～P106参照

5歳組保護者様　　　　　　　　　　　　　　　　　　　　　　　　平成30年１月15日

～　みかわ幼稚園　～

（2）より良い生活リズムをめざして

三川町教育研究所・みかわ幼稚園

三川町教育研究所健康指導研究部では、今年度も、子どもたちのより良い生活リズムの確立を目指す取組を重点として行っています。全国的にも「早寝・早起き・朝ご飯」取組が推進されていますが、みかわ幼稚園としても、幼・小・中の連携を大事にしていく観点から、下記のように「生活リズム強調週間」を実施することにしました。

ご家庭によっては、都合があったり、忙しい日があったりと大変かと思いますが、小学校へ向けて園での生活リズムの確立を図る意味でも、実践アンケートに可能な限りご協力くださいますようお願いいたします。

記

1　対象児　　　５歳組園児

2　実施期間　　平成30年１月17日（水）～20日（土）４日間

3　実施方法　　下表の項目ごとに状況をチェックしていただきます。

<参考>

子どもは、起床後14時間程度後に自然に眠くなるという睡眠リズムをもっています。５歳児では、９～10時間の睡眠時間確保を目標に、家庭によっては起床・就寝時刻が異なると思いますので、それぞれのご家庭の実態に合わせ、めあてを決めて実践していただきたいと思います。

4　提　　出　　平成30年１月23日（火）担任まで

5　その他　　　毎日が無理な場合は、可能な日だけで結構です。

……………　切　……………　り　……………　取　……………　り　……………

よい子の生活リズムがんばり表

（　　　　　）組　名前（　　　　　　　　　　　）

＊早起きのめやす（午前６時30分～７時頃）＊早寝のめやす（午後８時30分～９時頃）

月　日（曜）	はやおき わが家のめあて （　時　分）	朝ごはん （きちんと 食べました）	は　や　ね わが家のめあて （　時　分）
１月17日（水）			
１月18日（木）			
１月19日（金）			
１月20日（土）			

（　○～よくできた、△～もう少し、×～できなかった　）で記入してください。

<　感想　>

平成29年度　みかわ幼稚園　５歳組

よい子の生活リズムがんばり表（集計結果）

回答数　45名／50名中

＊早起きのめやす（午前６時30分～７時頃）＊早寝のめやす（午後８時30分～９時頃）

月　日（曜）	はやおき わが家のめあて （　時　分）			朝ごはん （きちんと 食べました）			は　や　ね わが家のめあて （　時　分）		
月日 ＼できばえ	○	△	×	○	△	×	○	△	×
１月17日（水）	30 (66.7)	14 (31.1)	1 (2.2)	40 (88.9)	4 (8.9)	1 (2.2)	32 (71.7)	6 (13.3)	7 (15.5)
１月18日（木）	33 (73.3)	10 (22.2)	2 (4.4)	41 (91.4)	3 (6.7)	1 (2.2)	28 (62.2)	9 (20.0)	8 (17.8)
１月19日（金）	34 (72.3)	8 (18.2)	2① (4.5)	40 (90.9)	4 (9.1)	①	14 (31.8)	18 (40.9)	12① (27.3)
１月20日（土）	18 (40.9)	14 (31.8)	12① (27.3)	42 (95.5)	2 (4.5)	①	21 (47.7)	9 (20.5)	14① (31.8)

（○～よくできた、△～もう少し、×～できなかった）　○数字は、無答（　）内は、％

＜起床時刻の目標＞

・６：００（６人）　・６：１０～２０（２人）　・６：３０（18人）

・６：４０～５０（11人）　・７：００（６人）　・７：３０（２人）

＜就寝時刻の目標＞

・８：００～２０（０人）　・８：３０～５０（２人）　・９：００（27人）

・９：１０～２０（２人）　・９：３０～（14人）

【考 察】

・「早起き」は、だいたいの人が目標を達成したが、「早寝」は、「早起き」に比べ達成できなかった人が多くみられた。（親の仕事の影響もあるようである）

・「朝ごはん」は、ほとんどの人が目標を達成したようである。

・「早起き」「早寝」ついては、普通日に比べ、金曜日の夜や土曜日の達成率が悪い結果になっていた。

【保護者の感想】

＜ぞう組＞

・寝る時間がどうしても21：30～22：00頃になってしまった。これでも以前よりは少し早くなったので、今後もがんばりたい。

・早寝が少し出来なかったので、これからは早く寝られるようにがんばりたいです。
・目標があると頑張る様子が見られました。休日の前夜は生活リズムが崩れやすいので気を付けたいと思いました。
・早起きはできますが早寝については、休みの前日だと親の気がゆるみできない日もありました。
・幼稚園で昼寝がなくなり、以前より早く寝るようになりました。まだ寒いのでめあての時間より早く起きられませんが、小学校に入学したらもう少し早く起きなければならないので練習していきたいと思います。
・最初は、早寝早起きがなかなかできませんでしたが、最後は起こされなくても起きれる様になってきました。めあてを決めて、自分で「頑張るぞ」と早寝早起きを意識づくりすることで自然に生活リズムが整ってきたようです。早く起きることで早く寝る習慣ができました。この調子で続けていきたいです。
・兄弟姉妹がいると、なかなか目標にしている時間に寝ることができなかった。
・本人が目標を持って取り組むことができました。（いつもより意識して～楽しみというかはりきって）親の夜が遅いので９時としましたができませんでした。(9時４０分頃になった）
・熱が出ていたため、まったく守れませんでした。元気になったらやってみます。
・平日はがんばっているのですが、土曜日は休みという事もあり早起きは難しかったです。
・休みの前の日は、寝る時間が遅くなり、リズムが崩れてしまった。
・早寝は、もう少しのところもありましたが、自分で９：00に寝る！と意識していたので、応援したいと思います。
・いつもは、もう少し遅い時間に寝ていたが、リズムがんばり表のおかげで、いつもより急いで寝る準備ができた。
・週末、寝る時間が少し遅くなりましたが、ほとんどめあての時間と変わらず、全体的に規則正しい生活ができました。年長でお昼寝がなくなってから、夜寝る時間が早くなりました。
・自分だけで生活しているわけではないし、ふだんから小学校のお姉ちゃん達と同じリズムで生活しているので、このままでいいです。幼稚園のお昼寝がなくなってからは、早く眠れるよう、お姉ちゃん達ががんばってくれています。

＜らいおん組＞
・意識して寝せないとついつい遅くなってしまっていた。一旦家事を中断して、時間で寝せないといけないと思った。
・休みの日や前日は、早寝早起きができなかった。（家族ものんびりしているため）
・休みの前の日は、親も気持ちがゆるんでしまい、寝る時間が遅くなってしまった。
・早寝がなかなかできませんでした。朝ご飯は時間がかかってしまったり野菜を残したりすることがありました。

・朝は、がんばって布団から出ますが、少し目が開くまでこたつにもぐったり…でも、スッキリするよう自分から顔を洗うなどしていました。夜は、9：30〜40には布団に入るようにしましたが、寝るまでは少し時間がかかります。本人は眠いようですが、下の子がじゃまをして眠れないようです。
・夜9時には布団に入るようにと、意識して取り組むことができました。
・親が早く寝るようにがんばると、早く起きるのは意外と簡単でした。引き続きがんばりたいです。
・休みの日は、早寝早起きが乱れてしまうので、注意が必要と感じました。
・普段は遅くなる（起床も寝るのも）けれど、本人の目に見えて表としてあったから、自分で意識して取り組んでいた。これをきっかけに小学生になるためにも生活リズムを見直し、改善していきたいと思う。
・朝ご飯、毎日しっかり食べて全部○でした。朝は自分から起きられるようになったのはよかったです。早寝は9時30分になってしまい、達成できませんでした。
・18日と19日は、体調が悪かったので、全部○にはなりませんでした。あと30分、早寝早起きのリズムができるように頑張りたいと思います。
・本人の意欲も出てきて、今までは母が毎朝起こさないと起きなかったのですが、自分で起きられるようになりました。

⇒　幼稚園での実態を各小学校の学校保健委員会での取組みにつなげていく。

6　交流活動の実際

(1)　幼稚園５歳組の小学校訪問

①　基本方針

入学予定の小学校を訪問し、親しみとあこがれの気持ちを持たせる。

②　ねらい

自分の入学する小学校の施設の様子を見学したり遊んだりして、小学校へのあこがれの気持ちを持つ。

③　期　日

６月７日　午前９時30分～10時50分

④　人数及び引率者等

学校名	園児数	交通方法	引　率　者
横山小学校	34名	町の福祉バス	保育園副園長、担任、副担任
東郷小学校	12名	スクールバス	幼稚園副園長、副担任２人
押切小学校	14名	徒歩で	保・幼園長、担任

⑤　日程・内容

時　間	子どもの動き	保育者の動き、配慮等
9：00	○　用便を済ませ、カラー帽子をかぶり、内ズックを持つ。	・前日から予定を話しておき、期待を持たせるとともに、見通しを持って活動できるようにする。
9：15	○　幼稚園玄関前に集合する。	
9：20	○　幼稚園を出発	
	○　小学校に到着 ・内ズックに履き替え、外履きを所定の所に置く。 ・小学校の先生にあいさつをする。 ・学校内を見学して回り、勉強している様子やいろいろな教室を見る。 (体育館、音楽室、図書室、ランチルームなど) ・体育館で遊ぶ。	・子ども達がスムーズに動けるように、小学校の先生と連携を取りながら誘導したり援助したりする。 ・気持ちよいあいさつをさせる。 ・小学校の児童は勉強しているので、邪魔にならないように静かに行動させる。 ・いろいろな教室に興味を持たせ、入学にあこがれを持たせる。 ・広い体育館なので、伸び伸び遊べるように誘ったり、一緒に遊んだりする。
10：40	・小学校の先生にお礼のあいさつをする。 ・ズックを履き替え、帰りの準備をする。	・楽しかったことを、小学校の先生方に伝えながらお礼を言えるようにする。
10：50	○　小学校を出発	・忘れ物がないように確認する。
11：00	○　幼稚園に到着 ・手洗い、うがいをする。 ○　小学校を訪問しての感想などについて話し合う。	・楽しかったことや、発見したことなどを話し合い、小学校へのあこがれにつながるようにする。

(2) 就学児体験入学

① 主 催

町内各小学校（案内も小学校から）

② ねらい

就学を向かえた幼稚園児が小学生と交流することによって、小学校入学への期待をふくらませるとともに、小学校での体験学習をする。

③ 期 日

１月21日 10時00分～13時25分

④ 人数及び引率者等

横山小学校の例 参加園児～33名、引率～副園長、担任、副担任３名

⑤ 日程・内容

時 間	活 動 内 容	保育者の配慮・支援等
10：00	・用便を済ませ、防寒具を身に付け、内ズックを持って玄関へ。 ・町のバスに乗る。	・内ズックの入ったズック袋と防寒具の身に付け方確認をする。 ・５分前に玄関に集合させる。 ・バスの乗り降りの安全確認と忘れ物がないかの確認をする。
10：10	○ 幼稚園出発	
10：25	○ 小学校に到着 ・昇降口で、防寒具や履物を片付ける。 ・２階の読書ホールに移動する。	・小学校の先生の指示に従う。
10：35	・読書ホールで日程説明 ○ １年生の学習紹介の発表（国語、音楽、図工について） ・体育座りで、発表を聞く。	・上手に話を聞いたり、学習体験をしたりできるように、その都度援助する。
11：00	○ 学習体験 ＜国語＞ 教室で ・椅子に正しい姿勢で座って、指導者の話を聞く。 ・言葉遊びを体験する。 ＜体育＞ 体育館で ・体育座りをして、１年生のやる運動を見る。 ・実際運動遊びをしてみる。	・よく説明を聞いて、自分でできるように支援する。 ・動き方がわからないときは、手を添えながら援助する。
11：45	○ 給食試食 ランチルームで ・１年生が配膳してくれるのを待つ。 ・１年生と一緒にグループで食べる。	・遅れがちな子や初めての場所なので食が進まない子への目配り、言葉がけをする。
13：10	○ 小学校を出発	・持ち物に忘れ物がないか確認する。
13：25	○ 幼稚園到着 ・防寒具、履物を片付ける。 ・振り返りをする。	・午睡中なので、静かに玄関から保育室に入らせる。 ・楽しかったことなどを確かめ、小学校への期待感を持たせる。

⑶　小学生の幼稚園訪問（横山小の実践例）

①　ねらい

横山小１年生がみかわ幼稚園５歳組の園児と交流を通して、上級生としての自覚を高めるとともに、相手を意識した活動を計画し、一緒に楽しむことができる。

②　テーマ

５歳組さんと遊ぼう「わいわいフェスティバル」

③　期　日

２月７日　９時45分～11時25分

④　場　所

みかわ幼稚園遊戯室・ステージ・保育室

⑤　日程・内容

時　間	活　動　内　容	引率者及び保育者の配慮・支援等
9：45	○　幼稚園到着 ・遊戯室に移動する。 ・遊びブースの設営をする。	・園の先生にあいさつをする。 ・履物等を整理し、交流で使う物を遊戯室に運び込む。 ・班ごとに準備した物を、それぞれにブースが確保できるようにしてやる。
9：55	○　はじめの会（遊戯室） ・はじめのあいさつ ・遊びコーナーの説明	・園児にも説明がよくわかるように話させる。
10：10	・遊びの準備	
10：20	○　一緒に遊ぼう ＜遊戯室で＞ ・豆つかみゲーム ・わなげ＆ボーリング ・わりばし鉄砲 ・けん玉＆おはじき ＜ステージで＞ ・おばけやしき ＜保育室＞ ・椅子取りゲーム ・はんかち落とし	・やり方が分からない子には、保育者が手助けしてやる。 ・どこに行けばよいか迷っている子がいるときは、友達を誘って行けるように援助する。 ・遊び場が３か所あるので、たくさん回って遊べるように声がけする。
10：55	○　後始末	・分担して、手際よく片付けられるようにする。
11：00	○　終わりの会 ・５歳組さんからの感想 ・園長先生のお話 ・終わりのあいさつ	・楽しかったこと、１年生にお世話になったことなどが話せるようにする。
11：05	○　道具の運び出し ・幼稚園の先生方にあいさつする	・時間を見て、スムーズにできるようにする。 ・玄関でお互い、さよならのあいさつをする。
11：25	○　幼稚園出発	

< 参考資料 >

◇　文部科学省　「幼稚園教育要領　平成29年告示」

◇　文部科学省　「小学校学習指導要領　平成29年告示」

◇　文部科学省　「小学校学習指導要領　解説生活科編」

◇　文部科学省　幼稚園教育指導資料第５集「指導と評価に生かす記録」

◇　学事出版　文部科学省、国立教育政策研究所教育課程研究センター編著
「発達や学びをつなぐスタートカリキュラム」

◇　東京書籍　川邉貴子編著　「教育課程・保育課程論」

◇　東洋館出版　文部科学省　「初等教育資料」 2014年12月号
2018年３月号

◇　全国国公立幼稚園・こども園長会　「幼児教育じほう」

◇　全国国公立幼稚園・こども園長会平成30年度総会　文科省説明資料

◇　日本標準　「今すぐできる　幼・保・小連携ハンドブック」

◇　保育総合研究所　「幼保連携型認定こども園教育保育要領サポートブック」

◇　ベネッセ教育総合研究所　「これからの幼児教育」

◇　山形県教育委員会　「幼保小連携スタートプログラム」

◇　山形県教育委員会　「子どもの生活習慣に関する指針」やまがた子育ち５か条

◇　東北文教大学・東北文教短期大学　「教育研究第７号」

◇　ぎょうせい　茅野市教育委員会　「幼保小連携教育」の挑戦
実践　接続期カリキュラム

◇　東洋館出版　お茶の水女子大学附属幼稚園・小学校　「子どもの学びをつなぐ」

◇　三川町教育研究所　「三川の教育」

おわりに

「見て、見て！　ぼく、こんなこともできるようになったんだよ！」「小学校へ行ったら、こんなことをやってみたいな！」子ども達からこんな声が聞こえてくると、自分のこれまでの成長をバネに、小学校へのあこがれの気持ちが伝わってきます。まさに、自立への基礎が培われ、小学校へ向けた主体的な学びの態度が形成されているのを実感します。

新幼稚園教育要領では、幼児教育が学校教育のスタートラインに位置付けられ、資質・能力の一貫した育成が求められてきました。幼児教育では、人生を主体的に生き抜く力の基礎を育み、学校間の接続を図って、真に学び続ける子どもの育成を図っていかなければなりません。幼・小の学校間の円滑な接続は、最初の砦になるわけですが、幼稚園でのアプローチカリキュラム、小学校１年生でのスタートカリキュラムが重要な役割を果たしていくことになります。この幼・小の接続期に、子どもの育ちを丸ごと受け止め、学びへの誘いをあたたかく見守ってやることがますます大事になっていくことでしょう。

教師・保育者は、子ども達が、自分のよさや可能性に気付き、自信を持って将来に夢を抱きながら進んでいけるいような指導に努めていかなければなりません。そのためにも、幼・小の教員は、相互に共通理解をし、共通実践に心がけていく必要があります。特に、接続期のカリキュラムについてのマネジメントに関わる研修が重要になってくるでしょう。

また、教師の指導・援助だけでなく、家庭や保護者との連携、地域や教育行政による支援も大切な要素になり、総がかりでの対応が功を奏していくことでしょう。その点でも、三川町教育研究所保幼小連携委員会の果たす役割はますます大きくなると思います。

これまで研究推進に携わってきた、保幼小連携委員の皆様、バックアップしてくださいました三川町教育委員会に感謝申し上げ、今までの実践を宝にして、これからの新しい時代の流れに対応した実践が深まっていくことを期待し、本書をしめくくり提案とします。

令和元年７月　発行

三川版「保幼小連携・接続カリキュラム」の研究実践に関わった関係機関・園・学校等

三川町教育委員会
三川町立みかわ保育園・幼稚園
三川町立東郷小学校
三川町立横山小学校
三川町立押切小学校
三川町教育研究所保幼小連携委員会
執筆者代表　齋藤雅志

三川版「保幼小連携・接続カリキュラム」の実践

2019年7月31日　初　版　第1刷発行

著　者　**齋藤　雅志**

発行所　ブイツーソリューション
〒466-0848　愛知県名古屋市昭和区長戸町4-40
電話 052-799-7391　FAX 052-799-7984

発売元　星　雲　社
〒112-0005　東京都文京区水道1-3-30
電話 03-3868-3275　FAX 03-3868-6588

印刷所　弘報印刷株式会社出版センター

ISBN978-4-434-26194-7